Viaje al centro de ti

LUIS ÁLVAREZ

Viaje al centro de ti

Los 12 mandamientos del siglo XXI

Editado por HarperCollins Ibérica, S.A.
Núñez de Balboa, 56
28001 Madrid

Viaje al centro de ti. Los 12 mandamientos del siglo XXI
© 2020, Luis Álvarez Martín
© 2020, para esta edición HarperCollins Ibérica, S.A.

Diseño de cubierta: Rudesindo de la Fuente
Imágenes de cubierta: Shutterstock
Ilustración de interior: Luis Doyague

I.S.B.N.: 978-84-9139-581-2
Depósito legal: M-19365-2020
Impreso en España por: BLACK PRINT

Quiero dedicar este libro a tres mujeres:

A mi madre en el cielo, la Virgen de la Macarena, por iluminarme cada día y ser Ella la que ha contado esta historia.

A mi madre en la tierra, Beatriz, por plantar en mí la semilla de lo espiritual. ¡Graciasss por ser la mejor madre del mundo mundial!

A mi hija Daniela, por hacer que esa semilla creciera dándole un sentido precioso a mi vida y ser el motivo por el que levantarme todos los días, sobre todo aquellos en los que menos me apetece. ¡Graciasss por ser la mejor hija del mundo mundial!

ÍNDICE

NOTA DEL AUTOR
Y AGRADECIMIENTOS

Este libro está basado en hechos reales. Algunos de los pasajes, personajes y fechas se han ficcionado, y algunas personas que me acompañaron en este maravilloso viaje no aparecen. Me gustaría agradecérselo a todas ellas y mencionarlas.

A mi hermana Ana; mi hermana Rocío y su hija Álex; mi sobrino Koke; mi sobrina Estrellita; mi hermana/sobrina Aja; Sara, nuestra amiga del colegio; y mi hija Daniela.

También a las que han compartido mi vida: Alicia, Miriam y Cristina.

A los hombres y las mujeres que se han cruzado en mi camino de cualquiera de las maneras, a todos con los que he compartido una mirada, una charla, un escenario, un montaje, una sala de reunión, una negociación, un abrazo, unas risas y algunas lágrimas.

Y a los que me empujaron para avanzar y a los que me empujaron para caer, porque me enseñaron a levantarme.

A todas y cada una de las personas que han dedicado su tiempo, por pequeño que fuera, a realizar mis sueños, a compartir mi tiempo, a cuidarme, a escucharme, a trabajar a mi lado. A las que han pasado por mi vida, porque gracias a ellas estoy hoy aquí. Porque de lo bueno disfruté y de lo malo aprendí.

A los ángeles que Dios ha puesto en mi camino para hacer realidad mis sueños, fuera cual fuera el color de sus alas, blancas o negras. Y a mis ángeles más cercanos: Ana, Miriam, Cristina, Celia, Carolina, Milena, Estrella, Estrellita, Álvaro, Jesús, Fernando, Paloma, Belén, Gema, Eva, Cardona, Cris de Santiago y todos los equipos del teatro.

A Gal, Luna, Elliot, Arancha y Tere.

A mi editora Olga, a Luis, a Guillermo y a mi editorial HarperCollins, porque gracias a ellos mis «mandamientos» llegan a ti.

Y por supuesto a mi maestro y mentor, mi padre. ¡Gracias!

El despertar

S on muchas las personas que se preguntan por el despertar, por ese paso a la iluminación, por ese estar más conectado con la vida, con la verdad.

En este libro te invito a que me acompañes a un viaje en el que recuerdo cómo fue mi experiencia. Cómo pasé de la nada al todo. Cómo una situación negativa me llevó a conocer la verdad. A ese lugar donde están todas las respuestas.

Comparto contigo un despertar que tuvo lugar en el momento menos esperado y de la manera más inesperada. Comparto contigo enseñanzas que me llegaron y que cambiaron mi vida, aunque en ese momento ni siquiera sabía lo que estaba recibiendo. Buscamos vivir el despertar como si fuera una gran película y a veces es tan sencillo como prestar atención a lo que ves, incluso con los ojos cerrados. Es mirar más allá de lo que tu vista alcanza, es mirar dentro de lo que ves.

Este libro narra mi viaje al centro de mí.

Recorreremos diferentes ciudades: Belén, Jerusalén, Betania y muchos otros lugares únicos, fascinantes de la geografía y la historia del mundo, aunque te aseguro que el viaje más importante es el que vas a realizar a tu interior, el de tu geografía personal, porque entenderás que no importa dónde estés, siempre que estés contigo. El segundo es el de la geografía espiritual y el tercero, Israel, el epicentro del escenario donde una persona cambió el rumbo de la humanidad hace dos mil años.

A lo largo de este viaje también descubrirás los mandamientos de tu éxito personal. Cumpliendo cada uno de ellos comprenderás un nuevo significado de la palabra éxito y te darás cuenta de que tú tienes muchísimo más cerca de lo que crees la posibilidad de conseguir lo que necesitas para ser plenamente feliz. Es más, te aseguro que a las personas a las que transmitas estos mandamientos les ayudarás a conseguir un gran nivel de conciencia.

INTRODUCCIÓN

Después de la publicación de mis anteriores libros, *El éxito* y *Cómo hacer posible lo imposible,* durante mucho tiempo, cada vez que me entrevistaban o iba de invitado a una conferencia, algunas de las preguntas que más me hacían eran: ¿Cuándo llega el despertar? ¿Cómo te llegó a ti? ¿Qué hay que hacer para estar siempre en ese estado de conciencia?

Creo que la mayoría de las personas sienten una necesidad imperiosa de llegar a ese despertar, sienten curiosidad por saber qué se experimenta una vez que uno está, lo que llamamos, «conectado», «despierto» o «iluminado». Veo almas perdidas deseando encontrar ese despertar que les saque de la tormenta en la que viven o que les calme ese estado de guerra con el que batallan día a día.

Me hacen estas preguntas y en sus ojos veo esa necesidad de respuesta, de unas que les sean válidas. Me miran como miran las crías a sus madres, me miran deseando que les abra las puertas a ese despertar que lo cambiará todo. Imagino que ellos piensan lo mismo que pensaba yo: que existe una forma mágica que de repente llega y que lo cambia todo; que sucede algo que hace que las tormentas desaparezcan; que, como si de un truco de magia se tratase, se produce un chasquido que hace que los males pasen a mejor vida.

Algo parecido al hada de Cenicienta, que con un golpe de varita mágica consiguió transformar calabazas en carrozas y a una simple sirvienta en una bella princesa. Y puede que estas cosas ocurran, pero no olvides que a las doce de la noche ese hechizo terminó y la carroza volvió a ser lo que era, una calabaza, y Cenicienta regresó a sus cenizas. Cierto es que hubo un final feliz, hasta donde conocemos, pero que ese final llegó a través de un duro camino. No sirvió un golpe de varita para arreglar todo. Lo hizo por una noche, pero no para el resto de la vida.

El despertar es algo parecido. Hay momentos, normalmente duros, en los que uno se siente perdido, en los que nada tiene sentido, y es en esos en los que aparece en tu vida el hada madrina.

Tu hada puede aparecer en forma de amigo, de un viaje, un trabajo, una frase, un algo que de repente hace que empieces a ver las cosas de otra manera. Y ese es tu golpe de varita, pero tan solo es el principio de un largo viaje a tu interior, a tu verdad, a tu despertar, que está donde nunca habías mirado: dentro de ti. Pero es cierto que hace falta que algo o alguien te dé ese toque maravilloso. Y normalmente llega cuando menos te lo esperas y de la forma más inesperada.

¿QUÉ SE SIENTE?

Se siente que entiendes lo incomprensible, que ves la simpleza de las cosas, que ves lo que antes no veías con los ojos de la certeza. Entonces empieza el despertar que te va a acompañar el resto de tu vida. Es un viaje al centro de ti que nunca terminará y que, una vez lo empieces, jamás lo podrás dejar.

Sentir la verdad de tu ser y de tu existencia, sentir la paz es tan gratificante que después de conocerla no querrás abandonarla. Es posible que en ocasiones te salgas del camino, ya sabes que el mundo de lo físico tiene suficientes distracciones para desviarte, pero de algún modo, por mucho que te alejes, terminarás regresando a él, el que va a tu interior. No hay viaje más gratificante y duradero que este.

Por eso, cuando me preguntan que cuándo fue mi despertar, me río, sonrío, porque es cada mañana, a cada momento, pues mi despertar no ha terminado. Cada día la vida me ofrece ocasiones para despertar más, para hacerme regresar a mi camino.

Por la profesión que tengo te confieso que muchas veces me he distraído, he abandonado mi viaje al interior de mi ser para perderme en trayectos llenos de muchas cosas y a la vez de tanto vacío. Me he perdido, pero siempre he sabido regresar. ¿La razón? Como te decía antes, una vez que inicias el viaje a tu interior, es complicado dejarlo a medias.

**Cuando sabes lo que es la paz, es difícil vivir
en la guerra. Cuando sabes lo que es estar
despierto, es difícil quedarse dormido.
Cuando disfrutas de la verdad, es difícil vivir
en la mentira. Cuando consigues ver, no tiene
sentido estar a oscuras.**

Tuve la suerte de recibir, hace años, mi golpe de varita mágica, de vivir ese chasquido que me hizo ver que la vida es otra cosa, que detrás de las maravillas que nos han enseñado, el tener propiedades, una familia, dinero, fiestas, etc., que detrás de todo eso hay algo mucho mejor y muy desconocido para la mayoría de las personas, y en ese golpe de varita me di cuenta de que algo me estaba perdiendo, y ese algo era yo mismo.

¿CÓMO ES EL DESPERTAR?

Te digo que quizás no es lo que esperas, no hay luces a tu alrededor, no hay música de fondo, tu entorno no cambia, todo sigue igual. Tal vez leer esto te decepcione, pero es la verdad. Lo que cambia es algo dentro de ti, se enciende una luz, una esperanza de que hay algo más, aparece una claridad que hace que veas las cosas tal y como son, no como tu cabeza las inventa. Aparece una fe en que todo va a ir bien, que todo puede ser mejor, que hay otra manera de vivir sin tanto sufrimiento y aquí empieza el despertar, la búsqueda, el camino al centro de ti. Y esto no sucede en un día, sucede en un viaje.

¿Cuándo fue mi despertar?

Mi respuesta a esta pregunta es cada día. Cada mañana sigo conectando con mi ser, sigo buscando, sigo regresando al camino cuando veo que me desvío.

Despierto cada día que la vida me pone a prueba.

Despierto cada vez que vienen a visitarme mis sombras.

Despierto cada vez que tengo que convencer a mi ego de que no tiene razón.

Despierto cada vez que mi mente empieza a quedarse dormida.

¿Cuándo conecté con la «divinidad»?

Conecté con lo que yo llamo divinidad en 2004. Este fue el año que tuvo lugar mi golpe de varita, en un momento en el que todo se vino abajo, en un momento en el que pasé de tenerlo todo a no tener nada, en un momento en el que me sentí hundido, en el que no veía salida.

Siempre he sido un luchador incansable, siempre he sido muy trabajador, muy tenaz, y siempre me había ido bien. Digamos que ir bien es cuando las cosas, a pesar de lo que cuestan, salen como tú quieres que salgan, y así era yo. Hasta entonces todo había ido rodado. Tenía lo que quería, no sin esfuerzo, pero lo había conseguido todo. A mis treinta años podría decirse que era lo que la sociedad conoce como un triunfador.

Tenía una empresa, pareja, casa, coches, una vida social envidiable, era popular en mi profesión. En mi trabajo todo iba como la seda, pasé de hacer infantiles en colegios con mi familia a grandes musicales como *101 dálmatas,* con una actriz de primera que se convirtió en mi pareja, conseguí grandes patrocinadores, hacer exitosas giras, lo que siempre había deseado. Después vino *El Zorro,* otra gran producción, y aún faltaba por venir lo mejor: el musical de Queen, *We Will Rock You.* Me codeaba con los componentes del grupo, la obra fue la estrella de la temporada y su estreno, de los mayores acontecimientos de entonces. Creí, algo que tú también habrás pensado muchas veces cuando las cosas te van bien, que nada podía cambiar y que ese éxito era para siempre. Me sentía imparable.

Había trabajado duro, me había sacrificado para conseguir todo aquello, había perdido cosas por el camino para obtener mis metas y por fin las había logrado. Estaba en la cima.

No nos preguntamos por el despertar cuando la vida nos sonríe porque pensamos que son cosas místicas de gente que tiene tiempo que perder.

Estaba *on fire* y sin saber que la vida me había preparado algunos interrogantes para los que no tenía respuesta y cerrojos para los que no tenía salida. ¿Para qué desperdiciar momentos reflexionando sobre quién era yo en realidad si me encantaba el Luis en el que me había convertido? No me interesaba nada la persona porque disfrutaba con el personaje. Las preguntas llegan cuando la vida te golpea y te sientes tan hundido o perdido que buscas dónde agarrarte.

¿Qué ocurrió?

Ocurrió algo que nadie podía controlar ni esperar. España se vio golpeada por los atentados del 11-M. El país se quedó congelado ante las imágenes que no paraban de repetirse por televisión, los ciudadanos se asustaron, vieron que lo imposible era posible y que, quizás, les podía tocar a ellos también, que quizás lo peor no estaba tan lejos. Hechos terroríficos que cambian la vida de un país y de todos nosotros en cuestión de un segundo, y así fue.

¿Qué tuvo que ver esto conmigo? Nada y a la vez todo. El miedo se apoderó de los seres humanos, el pánico, la tristeza, la rabia, el desanimo, la desilusión. España cayó en depresión y lo último en lo que pensaba la gente era en salir a divertirse.

¿Cuáles fueron las consecuencias?

El teatro cayó en picado, la taquilla se paralizó y empezamos a dar pérdidas. Unas pérdidas que me obligaron a cerrar un musical, que tenía previsto estar en cartel unos cinco años, a los seis meses del estreno.

En aquel momento, como me creía Superman, pensé que estaba por encima de cualquier circunstancia. En vez de tomar medidas rápidas para contener las pérdidas de la empresa, me quise hacer el salvador de todos los marineros que había en el barco, trasmitiéndoles que no pasaba nada y que yo podría soportar cualquiera de los problemas a los que nos enfrentábamos. Está claro que **el hombre propone, pero es la vida quien dispone**.

Y mientras salvaba a los marineros, cuando me quise dar cuenta el barco se había hundido. Fue lo que se conoce como un fracaso total. De repente el *glamour* que me rodeaba desapareció. El dinero que seguía llegando se fue mucho más rápido de lo que pensaba. Aprendí en horas que en el mundo del espectáculo se gana en pesetas, pero cuando se pierde salen los euros a gran velocidad.

¿Qué pasó cuando se torcieron las cosas?

La vida social se esfumó y el teléfono dejó de sonar. Peor aún, dejaron de cogerlo.

Ya no estaba de moda.

Ya no tenía el musical de la temporada.

Ya no podría recuperar la inversión que se hizo.

Puede parecer que no es tan grave, pero para mí fue mi ruina y lo que eso conllevaba. De tenerlo todo, como digo, a no tener nada, solo problemas, deudas, incertidumbre sobre el futuro y con ello la perdición.

Es fácil saber dónde ir cuando las cosas van bien, pero cuando se tuercen, de pronto los caminos se ocultan, las caras amables ya no están y lo único que te acompaña día y noche es la angustia. Conoces esa sensación, ¿verdad?

Entonces surgieron las preguntas, esas que hasta ahora no conocía. ¿Por qué me ha pasado esto? ¿Por qué ahora? ¿Por qué solo me ocurre a mí? ¡Qué injusto! Seguro que también te suenan, todos las hemos pronunciado en algún momento, y yo en aquella época empecé a decirlas muchísimo. No entendía nada. ¿Cómo podían cambiar las cosas tanto de un día para otro? En solo un segundo. Sentía que después de lo que había trabajado no me lo merecía.

Las preguntas estaban todo el tiempo en mi cabeza, les daba vueltas y más vueltas. Los problemas crecían a la misma velocidad que lo hacía mi incapacidad para pensar cómo solucionar la avalancha que arrastraba de acreedores. A diario me llegaban amenazas de los bancos con embargarme mi casa. Y la de mis padres, las de mis hermanas que, las pobres, en su afán de ayudarme, firmaron el aval del préstamo para poder acometer mis sueños.

Hasta ese momento parecía que lo entendía todo porque todo me salía más o menos como yo quería. Como te he dicho antes, cuando las cosas van bien, cuando suceden como uno quiere o espera, es raro que te hagas ciertas preguntas. ¿Para qué? Pero cuando la vida cambia los planes, cuando no entendemos que ella tiene otros y que no siempre coinciden con los nuestros, es cuando llegan las preguntas, porque **entendemos lo bueno, nunca lo difícil.**

Y ahí estaba yo, justo en esa situación. Explorando los caminos de lo desconocido, rutas incómodas que en situaciones así te ves obligado a descubrir. Es la única manera de avanzar. Me veía en una posición totalmente nueva, despidiendo personal, cerrando el teatro, buscando maneras de conseguir dinero. Me vine abajo. **¡Me rendí! Mi ánimo se desplomó.**

Llegar hasta donde lo había hecho había sido duro, es verdad que todo había fluido, pero, como digo, con mucho trabajo y mucho sacrificio. Una vida entregada a mi profesión y, este momento, el estreno de *We Will Rock You,* era el premio. Por fin había llegado a mi meta, el trabajo había merecido la pena. Aunque si este era el final, tal vez nada lo habría merecido.

Más tarde aprendí que todo acababa bien, y si no ha acabado bien, es que todavía no ha terminado, pero, obviamente, en ese instante no lo veía. Buscaba salidas y no encontraba puertas. Hacía preguntas y no llegaban respuestas. Me encerré en mí mismo. Me volví arisco. Me sentía fracasado, hundido, tanto esfuerzo para qué. Continué buscando respuestas. ¿Por qué me había pasado esto a mí? Y cada día que no recibía soluciones me volvía peor persona. Lo que no sabía era que las respuestas, a veces, están en sitios inesperados. Y lo que tampoco sabía era que mi golpe de varita estaba a punto de llegar, de una manera y en un lugar al que nunca hubiese ido si la vida no me hubiese puesto en esta situación.

He escrito este libro esperando que te dé respuestas a tus preguntas y para que confíes en que las soluciones están más cerca de lo que piensas, aunque quizás no estés escuchando con atención. Tengo que confesar que he tardado bastante en hacerlo porque, a pesar de mi toque de varita, de mi despertar diario y del viaje que estoy realizando desde hace tiempo a mi interior, el mundo de lo físico me absorbe en ocasiones con intensidad y me aparta de lo realmente importante.

Estoy tan ocupado con toda la nada que tengo que hacer que confundo lo urgente con lo importante.

Aun así, como siempre regreso a mi camino, por fin lo he escrito. Es curioso porque he conseguido terminarlo en otro golpe, esos que no entendemos pero que tenemos que aceptar. He aprendido que con la vida es mejor no discutir, siempre gana.

Mientras escribo esto estamos en estado de alarma, confinados entre cuatro paredes, viviendo una pandemia mundial. Llevamos sesenta días encerrados en casa padeciendo una gran crisis sanitaria. Un momento que solo ha visto una generación.

Tú y yo podremos decir que hemos crecido en una sociedad completamente distinta a la que nacimos y que hemos conocido una revolución industrial tecnológica y un confinamiento sin precedente. Eso solo puede decirlo una generación en la historia: la nuestra.

Imagino que habrás adivinado que hablo de la CO-VID-19, de ese bicho que tanto daño está haciendo al mundo entero. De ese bicho que ha destrozado familias y que ha instalado el miedo entre los humanos. No voy a desarrollar este tema porque me llevaría otro libro, pero es importante que sepas que estas páginas las concebí en los días de confinamiento.

Llevaba en mi cabeza mucho tiempo y pensaba escribirlo una vez inaugurase mi último proyecto, la rehabilitación de la antigua estación de Príncipe Pío para convertirla en teatro. Proyecto que me ha llevado seis años de obra y de duro trabajo, pero que por fin conseguí estrenar el 1 de marzo del 2020. Ocho días después me cerraron el teatro por la COVID-19, otro revés de la vida. De nuevo, cierre de *shows*, despidos... Parece la misma historia que la del 2004, ¿verdad?, pero no lo es, ¿y sabes por qué? Porque después del golpe de varita, después del despertar y después de realizar el viaje al centro de mí mismo, las situaciones negativas ya nunca se viven igual; y los problemas, por muy duros que sean, se ven diferentes. Y mira que ahora estamos en una situación mucho peor, ya que no hay fecha para abrir de nuevo los teatros. Y no se sabe en qué condiciones se abrirán y no sabemos si el público, invadido por el miedo, querrá regresar a un sitio cerrado.

Hasta que se tenga una vacuna la cosa pinta bastante mal; sin embargo, mi manera de llevar las cosas es muy distinta a la de hace dieciséis años. Ahora veo con claridad y siento de dentro hacia fuera y no de fuera hacia dentro, y, créeme, todo cambia.

Termino este libro justo el día que se ha levantado el estado de alarma, el 20 de junio de 2020. Imagino que tenía que ser así y espero de corazón que mi viaje te ayude si has salido de esta crisis con preguntas sin respuesta. Hay situaciones difíciles de entender, no podemos cambiarlas, pero sí podemos, por muy difícil que parezca, cambiar lo que pensamos o cómo actuamos sobre ellas. Espero que lo disfrutes. Quizás este libro sea el golpe mágico que estabas esperando.

1
EL VIAJE QUE CAMBIÓ MI VIDA

E
s fundamental empezar con una advertencia. Debo avisarte de que vas a leer hechos que te parecerán increíbles, pero por eso son milagros. Seguro que si en vez de vivirlos en primera persona me los hubieran contado, no los habría creído.

Los consideres milagros o no, te recomiendo que los leas porque no son relatos que me haya inventado, son revelaciones que te voy a transmitir tal y como a mí me llegaron de quienes yo llamo mis maestros espirituales. A su vez seguro que ellos los recibieron de otros maestros anteriores y así sucesivamente. Imagino que todo partiría de algún Ser Superior o de otra dimensión. ¿Cuál? No lo sé, y además no creo que tengamos la capacidad de entenderlo. Las limitaciones que tenemos como humanos no nos dejan ver con claridad a los seres y energías diferentes, aunque al leer este libro verás cómo puedes alcanzar un mayor nivel de conciencia que te permita sentirte conectado con algo superior en todo momento.

Pues bien, regresemos a 2004. Después de los atentados del 11-M que antes te contaba, me hundí en lo que se puede llamar una depresión. No encontraba sentido a nada, no sabía cómo salir de la situación y no veía luz al final del túnel.

Desde hacía tiempo tenía la costumbre de preguntarme cada mañana si era feliz. Y hasta hacía poco la respuesta solía ser siempre ¡sí! Estaba consiguiendo lo que deseaba, estaba llegando a la cima de la montaña que me había creado. Por supuesto que era feliz, de eso se trababa la felicidad, ¿no? O por lo menos eso me habían enseñado desde la infancia. Pero después del golpe que me dio la vida, mi repuesta empezó a ser **no, no y no.**

Fueron pasando los días y la respuesta continuaba siendo la misma, y así seguiría si no tomaba una acción inmediata. De hecho, sabía que solo la necesidad de tener que repetirme esa pregunta significaba que no era feliz.

Ahora sé que cuando uno es feliz no necesita preguntarse nada, simplemente lo es. Al igual que no necesita preguntarse si está respirando. Simplemente respira.

Recuerda esto: cuando tengas dudas sobre si hacer algo o no, si la pregunta existe es porque no lo quieres hacer. Cuando uno quiere de verdad hacer algo, lo hace. La verdad nunca duda.

Volvamos a mi relato. Me empezaba a preguntar si alguna vez había sido feliz. En aquel momento me lo cuestionaba todo y no sabía si ser feliz era en realidad lo que la sociedad identificaba como tal, pero ¿qué tipo de felicidad era esa que podía desaparecer de la noche a la mañana? ¿Es felicidad aquello que está condicionado por situaciones que no puedes controlar? Es como si hablar dependiese de que otra persona te dejara la voz.

**Si la felicidad no depende de ti,
es imposible que seas feliz.**

Comencé a pensar que quizás la verdadera felicidad era aquella que recordaba de la infancia, donde siempre estaba alegre. Porque solo el hecho de saber que en cualquier momento la puedes perder, independientemente de lo que hagas, hace que tus instantes de felicidad mueran de inmediato por el miedo a que desaparezcan en un segundo. Esta reflexión me hacía pensar que no estaba donde siempre me habían dicho. Y, si no estaba allí, ¿dónde se escondía?

Como ves, mi cabeza era un hervidero de preguntas y reflexiones sobre absolutamente todo. Llegaba a dudar de mi propia existencia, aunque entendía que esa pregunta ya la tenía resuelta hacía cuatrocientos años gracias a Descartes: «Pienso, luego existo». Aunque hoy yo diría esta máxima al revés: **existo, luego pienso.** Porque ahora tengo claro que el ser está por encima del pensamiento, pero por aquel entonces de lo único que tenía absoluta certeza era de que estaba pensando, así que pasaría al siguiente peldaño.

La pregunta más importante

Según iban pasando las semanas cada vez me costaba más ponerme en pie, no encontraba alicientes. Aun así, veía vídeos motivacionales para intentar arrancar las jornadas con fuerza. De poco servían. El vacío me visitaba cada mañana para llenarme de preguntas sin respuesta. Y como hacía nada más despertar al mirarme al espejo, me cuestionaba si lo que iba a hacer ese día era realmente lo que quería hacer.

Había leído que si la respuesta a esta cuestión durante cinco días seguidos era no, tenía que sentarme y cambiar lo que estaba haciendo lo antes posible. Pero ¿cómo iba a cambiar una vida en la que supuestamente estaba en el camino correcto, haciendo todo lo que desde pequeño me habían dicho que había que hacer para ser feliz?

Lo había hecho, lo había conseguido y lo había perdido, y ¿ahora qué? Nadie me habló de que esto pudiera pasar ni de cómo salir adelante. Nos preparan para el éxito, no para el fracaso. Parece ser, según mis enseñanzas, que la felicidad solo es posible cuando las cosas suceden como uno quiere. Un error que tardé en entender.

Llevaba años estudiando y sacrificándome duramente para alcanzar lo que todo el mundo desea: un trabajo estable, un salario mensual más que digno, una casa, estabilidad, cultura, vivir en un país del primer mundo, vacaciones, gente alrededor que me quería. Llegué muy alto y suponía que era feliz.

Es verdad que a pesar de haber conseguido llegar tan arriba, siempre sentí que en realidad había logrado lo que todos esperaban de mí, pensaba que eso era lo correcto y sacrifiqué mi vida para conseguirlo.

Queremos que todos estén orgullosos de nosotros. Como suele ser normal, damos más importancia a lo que opinan los demás que a lo que pensamos de nosotros mismos. No nos importa dejar de ser quienes somos o quienes nos gustaría ser para convertirnos en lo que los otros esperan que seamos. Vamos construyendo sin darnos cuenta el personaje que la gente que nos rodea quiere ver. Es como si ellos fueran moldeando la forma de la escultura de nuestra vida.

Cuando lo pierdes todo y surgen las preguntas, una de ellas es: ¿es esto lo que yo hubiese hecho de haber sabido que de igual manera iba a triunfar haciendo lo que me diese la real gana? La respuesta empezaba a ser **NO**.

Y es curioso, porque con solo treinta años había realizado muchísimos proyectos, muchos y muy exitosos. Otros lo parecieron, aunque no lo fuesen, porque si en algo era un experto era en saber que si fracasas en algo solo tú debes saberlo. Al resto del mundo no hace falta que les cuentes nada.

Hasta ese momento había disfrutado una vida muy por encima de la media. Había conseguido mucho más de lo que jamás había soñado de pequeño, pero después del cierre del teatro sentía que nada de eso importaba, algo que podía desaparecer tan rápido no podía ser, como he dicho, la famosa «felicidad».

Nadie te enseña que la felicidad se encuentra en otro sitio mucho más profundo, en un balance entre lo interno y lo externo. Sin ese equilibrio, vivir se convierte en una desequilibrada aventura. Así me encontraba yo, perdido, y lo único que quería era huir. **¡¡Huir!!**

Una madrugada, sin saber muy bien por qué, sentí que me levantaba con una fuerza diferente. Me hice la misma pregunta de siempre delante del espejo: ¿Lo que vas a hacer hoy es lo que realmente quieres hacer? Y de nuevo volví a responder que **NO,** como venía haciendo, aunque, al contestarme que lo que iba a hacer ese día no era lo que me gustaría, decidí empezar a pensar cómo podría cambiar mi vida.

Me duché, tomé mi Chai tea latte y salí decidido a comenzar una transformación. ¿Cómo? Todavía no lo sabía, pero tenía claro que no quería vivir la vida que otros habían elegido para mí, ni tener una felicidad que no estaba en mis manos.

En *El éxito* y *Cómo hacer posible lo imposible* recomendaba que lo mejor para cambiar tu mundo es viajar. Uno de los motivos de esta recomendación es debido a que mi toque de varita tuvo lugar en un viaje inesperado.

Cada noche rezaba pidiendo respuestas, alguna señal que me indicase qué camino tomar. Y cada mañana la misma rutina, pero aquella madrugada algo había cambiado.

Un día distinto

Al mirarme al espejo pensé cuántas veces, durante ese camino, me había sentido absolutamente perdido, con la sensación de que no estaba cumpliendo el objetivo en mi vida, incluso planteándome si en realidad esta tenía alguno. Llegué a pensar que quizás el objetivo era precisamente ese, solo su búsqueda y nada más. Como ves, cuando estás desesperado, te das tú mismo respuestas para consolarte que jamás se te hubiesen ocurrido.

Si tu vida tiene un objetivo, ¿estás absolutamente seguro de que lo que estás haciendo te llevará a él? Es más, ¿no se te pasa mil veces por la cabeza que lo que estás haciendo no te está conduciendo a ningún sitio? A mí sí, más de una vez lo había pensado, pero estaba tan concentrado en lograr aquello que se suponía que tenía que conseguir que nunca me detuve a escuchar la respuesta. Nunca me paré a reflexionar si aquello era lo que yo en verdad quería hacer. Tan solo lo hacía y todos los que me rodeaban parecían estar orgullosos de mí. Por aquel entonces creía que eso era lo importante. Si los demás estaban contentos, yo también. Qué gran error. No pensaba que era al revés, ahora sé que

**Si yo estoy feliz, todos a mi alrededor
también lo estarán.**

Uno de esos días en los que más dudas surgen es cuando tu mundo se desploma, tal y como me pasó a mí. Me di cuenta de que no era invencible, me sentí vacío, porque lo que me llenaba se había ido y desde ese vacío empecé a pensar para qué había hecho lo que había hecho y si realmente quería hacerlo. Comencé a perder la fe. Y fue entonces cuando me planteé si había merecido la pena tanto esfuerzo. Y después de semanas de desaliento, llegó el mayor bajón. Me seguí planteando muchas cosas y de nuevo las dudas inundaron tanto mi cabeza que me ahogaban.

Fue una mañana del mes de mayo cuando me levanté completamente sin fuerzas para poder seguir. Me rendí. Me rendí y miré al cielo entregándole mi esfuerzo, todo lo que tenía y lo que no tenía. Me rendí, algo que nunca pensé que admitiría, confesándome que ya no podía más. Y justo ese mismo día me llamó, ¿casualidad?, mi hermana Ana para comentarme que a su amiga Sara del colegio Logos le habían ofrecido un viaje a Israel, organizado por la Escuela Bíblica, con un grupo de cuarenta personas. Me dijo que ni ella ni Sara podían ir y me preguntó si me apetecía hacerlo a mí con mi hija.

Mi hija Daniela y yo empezamos por aquel entonces una tradición: dedicarnos quince días al año a realizar un viaje juntos. Hoy seguimos manteniendo esa costumbre y, estemos donde estemos cada uno, en cualquier parte del mundo, siempre nos dedicamos esas dos semanas para visitar solos algún lugar que ella escoge. Como ha estudiado Relaciones Internacionales, suele elegir países con sistemas políticos un tanto especiales para conocerlos más de cerca. Hemos compartido experiencias en Japón, India, Cuba, Kenia, Estados Unidos, Canadá…

La idea de irme en autobús por Israel con un par de curas y cuarenta «abueletes» —pensé que no habría muchos jóvenes— en junio, uno de los meses más calurosos en Israel, escuchando a diario los sermones de los curas no era exactamente lo que más me apetecía en aquel momento. No era el plan de mi vida y por supuesto, sin pensarlo, dije que no. ¡Por Dios!, qué pereza de viaje y qué poco atractivo. Pasaría de lo más glamuroso a lo más simple. En vez de animarme, me iba a hundir en un estado de ánimo peor.

Mientras tanto, como un zombi, asistía a reuniones donde intentaba conseguir el dinero que necesitaba o alguna salida que me devolviera de nuevo al mercado. Pero las reuniones, lejos de mejorar, empeoraban la situación cada vez más. No veía salida por ningún lado. ¿Sería mi final en esta profesión?

A lo largo de la semana siguiente, Sara siguió insistiendo a mi hermana para que me convenciera porque el viaje merecía la pena y todavía quedaban dos plazas. Ana me contó que varios miembros de la familia de su amiga lo habían hecho y me dio más detalles.

Me comentó que te mandaban un cancionero para cantar todos juntos en el autobús. Iban a hoteles de no mucha calidad porque había que apoyar a los palestinos cristianos, que son los dueños de esos hoteles, y no iban a los buenos de lujo que hay en Israel porque pertenecen a los judíos que están oprimiendo al pueblo palestino. Cuanto más me hablaba de ello, más seguro estaba de que había hecho muy bien diciendo que no.

La peor reunión de mi vida

Y mientras tanto yo continuaba peleando, sufriendo y, lo más importante, intentando que nadie notara que me había rendido. Si no hubiese sido por el Red Bull que me tomaba nada más llegar a la oficina cada día, no hubiera tenido ni siquiera fuerzas para mantenerme en pie.

Un día me citó mi abogado para hacerme un resumen de la situación de la empresa. Me dijo que por ser mi padre socio, todos los acreedores iban a ir detrás de él y que, además de perder mi casa, embargarían la de mis padres y las de mis hermanas.

El primer pensamiento que me vino es lo curiosa que es la vida, porque precisamente le había regalado un porcentaje de la compañía a mi padre en una situación muy particular. En mis comienzos, en un momento concreto, necesité cuatro mil euros que él me prestó. Y por ese préstamo le cedí el veinte por ciento de la empresa. Ahora ese regalo se había convertido en mi gravísimo problema porque iban a reclamarle a él todas mis deudas al aparecer como socio.

Tenía unos meses para conseguir dos millones de euros, resolver la situación y parar los embargos. Hoy sigue siendo mucho dinero, pero en 2004, con treinta años y en plena crisis nacional, obtenerlo me parecía imposible.

Por primera vez rompí a llorar delante de tres abogados que tenía enfrente. No podía más. Es la única vez en mi vida que pensé que a lo mejor morirse podía haber sido la mejor solución.

DESOLADO Y SIN GANAS DE NADA

Salí de aquella reunión sin ninguna esperanza, pues las exigencias que pedían hacían inviable conseguirlo, y me fui a mi oficina completamente desolado. La tengo a pocos minutos, en la plaza de Canalejas 6, nada más atravesar la Puerta del Sol.

Al entrar por la puerta vi a mi hermana hablando con una monja. Me quedé algo contrariado, pero tal y como iba la mañana ya nada me sorprendía mucho.

—Te iba a llamar ahora porque ha venido la hermana Mari Carmen —me dijo Ana—. Es la amiga de Sara de la Escuela Bíblica que te comenté. El viaje de Israel es la semana que viene. ¿Por qué no vais Daniela y tú?

Estaba tan desolado que aquella coincidencia me pareció de nuevo demasiada casualidad.

**Las casualidades son los milagros
que la gente no creyente no quiere ver.**

Milagros que van sucediendo por la vida a lo largo de nuestro camino.

Cuando me confirmó que quedaban aún dos plazas libres, sentí que era una señal. Esta vez le dije que me lo pensaría. Entré a mi despacho y llamé a mi hija Daniela para contárselo. Me contestó que si yo decidía ir, ella me acompañaría.

Buscando más apoyos para animarme, salí y pregunté a mi hermana Ana.

—¿Te vienes y vamos los tres?

—Solo quedan dos plazas y no hay posibilidad de conseguir más en este viaje —contestó la hermana Mari Carmen.

Me pareció una coincidencia demasiado grande que justo quedasen dos plazas y Ana me las ofreciese en el momento más bajo de mi vida. A mi familia no le había contado la gravedad de la situación en la que nos encontrábamos porque no quería que sufriese lo que yo estaba pasando.

Mi hermana salió de la oficina para traernos unos cafés y me quedé hablando con la monja. Su expresión de paz me dio tranquilidad y me sinceré con ella.

—Verá, hermana —empecé a contarle—, la verdad es que siempre he sostenido que no tengo fuerzas para rendirme como un alarde de demostrar que soy capaz de poder con todo. Pero ahora no sé si realmente las tengo para continuar. Es la primera vez en mi vida que creo que tengo que claudicar.

—Eso está muy bien —me contestó—. Nos pasa a todos los humanos y a todos los animales en el trascurso de nuestras vidas. Es como en el relato de la renovación del águila. Te lo voy a contar por si te sirve de ejemplo.

Lo que menos me apetecía en esos momentos era que nadie me contara una historia, pero no pude decirle la verdad.

—¡Sí, por favor! Me encantaría conocerlo —le mentí.

El águila es un ave que puede vivir hasta los setenta años, y cuenta la leyenda que es capaz de rejuvenecer cuando llega a la mitad de su vida. Pero para ello ha de tomar una valiente y atrevida decisión, pues si no lo hace y se rinde, morirá.

Al cumplir treinta y cinco o cuarenta años las uñas que utiliza para cazar sus presas se vuelven flexibles, y su pico se curva hasta casi alcanzar el pecho. Las plumas se engrosan y las alas se vuelven pesadas. Por eso le resulta tan complicado volar y alimentarse. Es entonces, ante la alternativa de perecer, cuando el proceso de renacimiento se produce.

Esta transformación consiste en volar hacia un nido situado en lo alto de una montaña y quedarse allí durante unos cinco meses aproximadamente. Durante este tiempo golpeará su pico hasta que se lo arranque y esperará a que vuelva a crecer otro. Con él se deshará de las uñas y, cuando nazcan las nuevas, las utilizará para retirar las plumas viejas.

Después de haber transcurrido el tiempo, el águila abandonará el nido y volverá a cazar y a volar. Y podrá vivir otros treinta años más.

La hermana continuó:

—Hay muchas situaciones similares que viviremos en la vida. Llegan épocas en las que creemos que ya hemos dado todo, que poco nos queda por dar. Que nuestra vida se ha marchitado. Y solo tenemos una opción, la misma que el águila: transformarnos. Pero para ello hemos de volar muy alto y guarecernos durante un tiempo. El ave se desprende de sus uñas, de sus alas, de su pico, y nosotros hemos de prescindir o renunciar a costumbres, hábitos y creencias que nos amarran al ayer, recuerdos que nos impiden avanzar. Solo si somos capaces de mirar al presente, podremos tener un nuevo propósito, un nuevo futuro.

Quien tiene un porqué para vivir,
encontrará casi siempre el cómo.
FRIEDRICH NIETZSCHE

Reconozco que agradecí la historia y, antes de marcharse la hermana, cuando ya estaba a punto de salir por la puerta, me dejó un bonito pensamiento que siempre tengo presente: el sufrimiento es temporal, pero abandonar es para siempre.

Me quedé solo para meditar lo que me había dicho. Realmente esas palabras no podrían haber llegado en mejor momento. Aquella monja parecía un ángel enviado para hacerme ver el camino con más claridad.

Si antes dudaba del viaje, ahora estaba más convencido de que tenía que hacerlo.

La hermana Mari Carmen era la agente de viajes del mundo. ¡Qué gran vendedora! Me había convencido al instante. Total, aquí no tenía nada que hacer. Y quizás alejarme de todo con mi hija me ayudaría a ver las cosas con mejor perspectiva. Pensé que a lo mejor Israel era para mí ese nido en la montaña para retirarme unos días como hace el águila.

2
EL VUELO

Me levanté y lo primero que hice como cada día fue leer la prensa. Me gusta *Ac2ality*. Es un periódico digital genial que explica las noticias importantes en dos minutos, resumidas y analizadas de una manera simple que me ayuda a entenderlas. Y lo que más me gusta es que sus *newsletters* empiezan con un «¿Sabías que?».

¡ALGO NUEVO QUE APRENDER!

De nuevo me pareció una casualidad que justo esa mañana comenzara con relatos de la Biblia y que, además, *Ac2ality* anunciara que a lo largo de los próximos días nos iba a sorprender con cosas que las Escrituras Sagradas predijo antes de que los científicos las descubriesen. Historias que la ciencia revelaría cientos de años más tarde, pero que ya estaban escritas en la Biblia y que nadie había sabido interpretar hasta nuestros días. Lo tomé como otra nueva señal. Creo que mi decisión de emprender este viaje era correcta, aunque no me apeteciera mucho.

El «¿Sabías que?» de ese día decía que al principio de los tiempos la Tierra estaba sujeta y apoyada a las espaldas de un gran animal. Y la Biblia aseguraba que se suspendía flotando en el aire.

> *Él (Dios), que suspende la Tierra sobre la nada.*
> JOB

ME TIRÉ AL VACÍO SIN SABER SI HABÍA RED

A pesar de haber tomado la decisión de irme, me picaba el cuerpo cada vez que pensaba en el momento de reunirme con los otros cuarenta acompañantes en el aeropuerto. No sabía con quién me tocaría sentarme en el avión y la idea de ir a Israel en las condiciones que me habían contado era para mí como la sensación de que íbamos a tener, poco más o menos, la precariedad de un país del tercer mundo.

Te aseguro que no tenía ganas, pero menos aún me apetecía enfrentarme al día a día de los contratiempos a los que estaba haciendo frente, con la gran crisis que estaba sufriendo Wonderland, la empresa familiar que con tanto amor y dedicación habíamos creado.

Cierto es que no me he arrepentido ni una sola vez de haberme involucrado en todos los proyectos que he hecho, y que disfruto cada paso que he dado en el camino, aunque sí que siento que la mochila en algunas excursiones es muy pesada. Lo fue, como he dicho, en la crisis del 2004 después de los atentados del 11-M, lo fue en la del 2008 y también en la crisis sin precedentes que sufrimos con la paralización del Gran Teatro Bankia Príncipe Pío por la COVID-19. La sensación de tirarme al abismo era constante y cada vez era mayor.

Todas las experiencias en mi vida me han demostrado que Dios teje una red con aquellos que decidimos emprender nuestros sueños.

El dolor de intentarlo a veces es grande, pero nunca tanto como el dolor de no haberlo intentado nunca.

En efecto, sabemos que tomar la decisión de emprender un sueño es difícil, pero más lo es vivir con el peso de no haberse atrevido jamás.

MI ENCUENTRO CON EL PADRE MANUEL MAJADAS

Llegamos al aeropuerto y mi idea de que el viaje iba a ser con un grupo de frikis se acababa de confirmar. Me encontré con una situación que no solo cubría mis expectativas, sino que las superaba. Nada más llegar me pidieron que me pusiera una etiqueta en la solapa de color naranja fosforito para que se me viera bien. En dicha placa venía escrito en letras grandes Escuela Bíblica, y debajo mi nombre, Luis Álvarez. Por si cabía alguna duda de que el raro que llevaba semejante señal era yo, lo iría anunciando así por todos los lados. No tenía una sensación tan rara y estúpida desde que iba al colegio. Etapa que, por cierto, espero no volver a repetir en ninguna de mis reencarnaciones, si es que estas existen.

Nunca me he decantado a favor o en contra sobre la existencia de la reencarnación, pero sí que manifiesto abiertamente que me daría mucha desgana reencarnarme si eso supusiera tener que volver a la escuela. La etapa de mi vida que menos me ha gustado y que recuerdo como una tortura mental diaria.

La famosa frase de Manrique que dice que **cualquier tiempo pasado fue mejor,** puedo asegurar que no se aplica a mi vida cuando rememoro aquellos años.

En mi infancia pensaba que ir a la oficina sería como ir al colegio, pero siendo mayor. ¡Para nada! Jamás he tenido un domingo por la tarde, antes de ir al despacho al día siguiente, la sensación tan horrorosamente nostálgica que sufría los domingos pensando en que tenía que volver al colegio la mañana del lunes. Y para qué te voy a contar cuando iba a empezar el colegio en septiembre. No tengo que decirte más.

Respecto a lo que estaba viviendo en el aeropuerto, uno siempre piensa que una situación no puede ir a peor. Es lo que yo creía viéndome con una imagen tan ridícula con mi pegatina en una cola de cuarenta personas desconocidas, algunas españolas y la mayoría de Panamá, todas con una sonrisa impostada intentando ser agradables.

Pasado el *check-in,* que por cierto duró un par de horas porque solo podíamos pasar por una fila de grupos, llegó el momento de ir hacia la puerta de seguridad.

Unos meses atrás estaba viajando por el mundo con los miembros de la banda Queen, acompañando a Brian May y Roger Taylor a estrenos de *We Will Rock You,* al gran concierto que Nelson Mandela dio en Ciudad del Cabo y a presentaciones de patrocinios en Londres, y, en cuestión de días, por un revés de la vida, me veía haciéndolo como lo que parecía una excursión escolar.

Cuando estás acostumbrado a volar solo y no esperar colas de grupos, esas horas para hacer *check-in* me hacían adivinar lo que podía ser el viaje al completo. ¡Un tostón! Y fue entonces cuando se produjo el encuentro por primera vez con el padre Majadas. Te cuento la situación.

Había dos personas colocadas en nuestro camino hacia las puertas de seguridad, una enfrente de la otra, pidiéndonos que los que lleváramos el distintivo de la Escuela Bíblica pasásemos entre ellas como si fuese un «callejón humano» del colegio, donde te obligaban a atravesarlo para darte collejas.

Justo cuando estaba a punto de traspasar la puerta, me detuvo un hombre calvo con gafitas de intelectual y me dijo:

—¡Hola! Soy el padre Majadas. Tú eres el número dieciocho. Por favor, pasa por aquí.

Inmediatamente después le dijo a Daniela, que venía detrás.

—¡Hola! Soy el padre Majadas, y tú eres la número diecinueve. Por favor, pasa por esta puerta.

Así, sucesivamente, fuimos pasando uno detrás de otro hasta completar los cuarenta que viajaríamos juntos. Se notaba que muchos del grupo ya conocían al padre Manuel Majadas, o, mejor dicho, como a él le gustaba que le llamasen, padre Majadas. Todos manifestaban un verdadero afecto hacia él. Parecía una buena persona, pero durante los doce días que duraría el viaje a mí lo último que me apetecía era dedicar tiempo para averiguarlo.

Una sensación interior me decía que tenía que haber hecho caso a mi instinto y no haber emprendido el viaje. Cierto es que lo ocultaba por no aguar la fiesta a mi hija y al resto de pasajeros que venían con nosotros. Siempre he sabido que todas las personas en este mundo son genios en algo, y nuestra genialidad radica en descubrir dónde está la de los demás.

Por eso, por dentro me picaba la curiosidad de intentar averiguar dónde estaba la genialidad de este padre al que la mayor parte del grupo le manifestaba un cariño tan especial. Siempre intento no prejuzgar a las personas.

> *No juzgues para que no seas juzgado, porque con el juicio que hagas se te juzgará a ti y con la medida que midas se te medirá a ti.*
> SAN MATEO

POR FIN DESPEGAMOS

Tuve la suerte de que en el avión me tocara sentarme al lado de Daniela. Parecía que las cosas se relajaban, pero cuando pensaba que el grado de frikismo del grupo ya había tocado techo, el padre Majadas empezó a entonar las estrofas de *La paz esté con nosotros,* pidiéndonos a todos que, por favor, las memorizáramos para cuando subiéramos al autobús la cantáramos juntos. Creo que no hace falta que te diga qué cara puse y las ganas que yo tenía de practicar esos «cánticos de alegría».

Mientras los demás la tarareaban, a mí me venían continuos recuerdos de las vicisitudes que me habían ido ocurriendo a lo largo de la vida para llegar a ese día. Hice un repaso a todo mi pasado.

Había luchado mucho para llegar hasta donde había llegado, y rememoré mis inicios viajando en una furgoneta con mi familia, recorriendo colegios, haciendo infantiles, instalando y desinstalando decorados, haciendo de chófer, actor y montador. Tan pronto estaba disfrazado de Pinocho como de príncipe, sapo, oso o chambelán. Recordé los miles de kilómetros que hacíamos de ciudad en ciudad, el frío, el calor, las noches sin dormir, los días sin comer, los veranos sin descanso y los inviernos agotadores. Recordé también cómo conseguí convencer a una gran artista para hacer *La Cenicienta,* mi primer gran *show* de teatro, cómo logré los derechos de *101 dálmatas,* los de *El Zorro, Spiderman* y otros tantos que siguieron. Esto que se escribe en unas pocas líneas fueron años de trabajo, horas de reuniones y días sin descanso. Y aun así, después de todo, me encontraba en esa situación. Siempre había creído que aquello me daría la felicidad y ahora me daba cuenta de que no había sido así.

Repetidas veces me venía a la cabeza la respuesta del famoso actor Jim Carrey en una entrevista cuando le preguntaron sobre la felicidad. Él dijo que habría que buscarla en otro sitio que no fuera el dinero, el reconocimiento y el éxito, y que cada persona solo la podría encontrar en su interior.

> *El hombre no puede apropiarse*
> *de nada si no le es dado del cielo.*
> SAN JUAN

UNA LECCIÓN INOLVIDABLE

Al despertarme después de una pequeña siesta, la vida me tenía preparada una de las enseñanzas más bonitas y más importantes que he aprendido nunca.

Se acercó una azafata a una monja que iba en nuestro grupo, justo en la fila anterior a nosotros, exactamente en el asiento que había delante de mi hija Daniela. La auxiliar empezó a hablarle en inglés, pero ella la miraba sin entender nada. Me ofrecí para traducirle, y, obviamente, la monja aceptó. Tenía una cara que transmitía muchísima paz.

La azafata me pidió que le comunicara que su equipaje no había salido de Madrid y que se lo mandarían a alguno de los hoteles en los que nos alojaríamos en el destino en los próximos días. Me imaginaba el grandísimo disgusto que se iba a llevar cuando se lo notificara, pero para mi sorpresa ella tan solo me dijo:

—Muchas gracias por traducírmelo.

La hermana mantuvo la misma sonrisa que llevaba antes de recibir la noticia.

—¿Me ha entendido bien? Su maleta no va a estar cuando aterricemos —le repetí cuando la azafata se había marchado.

Se veía por sus facciones que no era española y pensé que tal vez no me había entendido tampoco. En efecto, no lo era, pero lo había entendido perfectamente. Y con un español con acento, me contestó con un pasaje del Evangelio.

> *Si quieres ser perfecto, dijo Jesús, vende todo lo que tienes y dalo a los pobres, así tendrás un tesoro en el cielo. Después, ven y sígueme.*
> SAN MATEO

Pero no terminó aquí su reflexión.

—Si eres capaz de aceptar con fe lo que la vida te da, sabiendo que todo es por tu bien y que todo sigue los cánones de los mandamientos de Dios, serás capaz de caminar siempre con una sonrisa.

Que tu buena actitud cambie el mundo.
No dejes nunca que el mundo te cambie a ti.

No pude evitar mostrar mi admiración y a la vez mi sorpresa, puesto que la reacción que la hermana tuvo no era para nada la que se espera de alguien que recibe una noticia como aquella.

El padre Majadas, que desde su asiento había visto y escuchado todo lo que había sucedido, se levantó y dijo en voz alta, dirigiéndose al grupo.

—Con lo que acaba de pasar con la hermana me ha venido a la cabeza una historia que contaros, una divertida que voy a llamar «Ve por la vida ligero de equipaje».

Dos hombres van en un tren desde Londres hasta Mánchester. A uno de ellos le acompaña un niño. Los tres van muy callados durante gran parte del trayecto. Después de una de las paradas intermedias que hace el tren en alguna de las ciudades, el hombre que va con el niño decide romper el silencio y le dice al otro pasajero:

—Muy buenas, caballero, ¿qué le lleva a Mánchester?

—Soy vendedor —le contesta amablemente.

—¡Qué casualidad! Yo también lo soy. ¿Qué vende usted?

—Máquinas de coser. Voy a Mánchester porque allí está la central de la compañía y nos van a dar un curso sobre una nueva máquina que va a salir al mercado. ¿Y usted qué vende?

—Yo condones. Soy un gran experto. Me dedico a esto desde hace ya diez años.

El vendedor de las máquinas de coser, sorprendido, no puede evitar preguntarle:

—¿Le parece ético ir a vender condones acompañado por su hijo?

—Eso jamás lo haría. El niño no es mi hijo, es una reclamación de una clienta a la que le fallaron mis productos y, como soy una persona muy responsable, he de hacerme cargo de él.

—Así somos la mayoría de los seres humanos —continuó el padre resumiendo la moraleja del relato—. Vamos por la vida llenando nuestra mochila de los errores cometidos en el pasado, arrastrándola día a día y cada vez con mayor peso a nuestras espaldas. Debemos ser como la hermana, viajar ligeros de equipaje, y si, por cualquier circunstancia, tenemos que descargar lo que llevamos, no apegarnos a las cosas, dejarlas ir y disfrutar soltándolas.

Soltar lastre nos hace despegarnos más de la tierra y acercarnos más al cielo.

—En este viaje espero que consigáis vaciar vuestra mochila por completo y dejarla limpia para comenzar una nueva vida espiritual sin peso que acarrear.

Tengo que reconocer que la historia y el mensaje me encantaron, y por primera vez tuve la sensación de que posiblemente en este viaje fuera a sacar más aprendizaje de lo que me había imaginado. Se abrió en mí una luz de esperanza al pensar que esta experiencia podría ofrecerme cosas que no me esperaba.

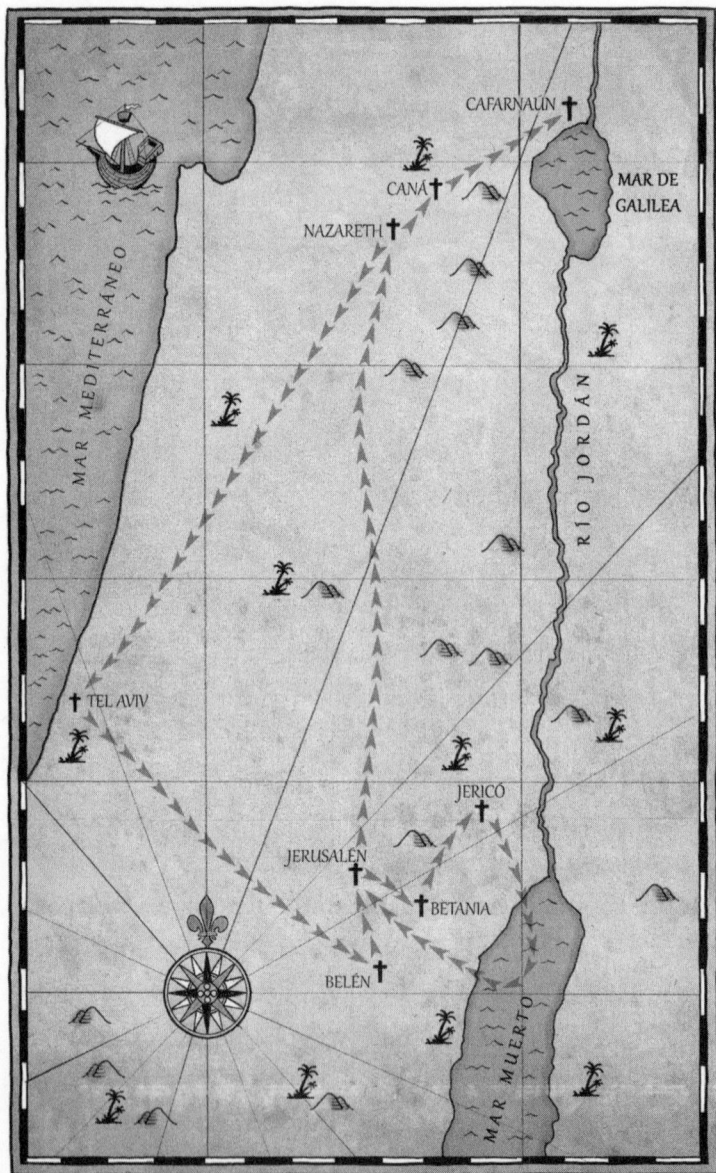

3
LLEGADA A ISRAEL

Después de más de cuatro horas de vuelo, aterrizamos por fin en Tierra Santa.

De todos los viajes que me había imaginado disfrutar, ya he dicho que este no estaba en la lista. Y si alguna vez lo hubiese incluido, me hubiese imaginado en las famosas fiestas de los hoteles de Tel Aviv con amigos, pero jamás con cuarenta personas con una media de edad de sesenta y cinco años de los cuales la mayoría eran religiosos.

Los procesos para salir de la aduana, seguridad, pasaportes y maletas fueron dignos de cualquier excursión del colegio. A mis treinta años y después de llevar viajando, como digo, mucho tiempo, nunca me imaginé volver a hacerlo de esta manera. Me sorprendía, pero había algo en mí que ya había cambiado un poco. Era admitir, tal y como hizo esa monja en el avión con su equipaje, que si yo estaba allí era por algo y, seguramente, tendría muchas cosas que aprender, por lo que decidí empezar a relajarme y aceptar lo que fuese sucediendo como parte de un aprendizaje nuevo en mi vida.

Justo en medio de este pensamiento, el padre Majadas nos reunió.

—Ya estamos en Israel —no dijo—. *¡Shalom!* Que en hebreo significa «paz para todos». Quiero compartir con vosotros una enseñanza para alimentar vuestra alma. El alma solo se cultiva con experiencias y sabiduría. Como bienvenida a Israel, lo más importante que debéis tener en cuenta es que algún día os encontraréis con vosotros mismos. Espero que sea en Tierra Santa, pero tenéis que saber de antemano que podría ser el más bonito o el más feo de vuestra vida, porque tal vez, cuando os despojéis de las cosas que habéis ido cargando en vuestra mochila a lo largo de los años, no os guste la persona que sois. Mi alegría será que a lo largo de estas jornadas os encontréis a vosotros mismos. Ahora ya podemos subir juntos al autobús.

Reconozco que el padre había escogido unas bonitas palabras para recibirnos que me hicieron pensar. Si realmente lograba encontrar al verdadero Luis que había en mi interior, ¿me gustaría?

Entramos en el autobús. Daniela y yo nos sentamos al final del todo, haciendo posesión de la zona privilegiada como si fuésemos los malotes del colegio, e iniciamos nuestro viaje a Belén, que era donde pasaríamos nuestra primera noche.

Rumbo a Belén

Llegamos a Israel justo al atardecer, y yo, que soy tan aficionado a las puestas de sol, tengo que admitir que la que pudimos ver desde el autobús de camino a Belén fue posiblemente una de las más bonitas que he disfrutado en mi vida.

De nuevo sentí que ese viaje, a pesar de las pocas expectativas, me iba a deparar algo muy bueno. El padre Majadas, con el que todavía no había mediado palabra, nos pidió que abriésemos el libro de los cánticos de alegría para empezar a entonar otra canción.

Me sentía muy extraño yendo en un autobús con gente mayor que yo, cantando canciones religiosas en Tierra Santa dirigidos por un padre apellidado Majadas, al que desde el primer momento no pude evitar apodar para mis adentros Majaras, y no porque estuviese loco, sino porque me parecía gracioso. Desde siempre me ha gustado poner motes a todo el mundo.

Bueno, pues esa coctelera unida con esos elementos variopintos mezclados, hizo que, por primera vez desde hacía muchos meses, pudiese olvidarme de la presión que había tenido a lo largo de los últimos años. Volví a recapacitar. Me había rendido. ¡Me rendí! Eso era bueno, como me dijo la monja, porque de aquí en adelante solo podía ya recuperarme y volver a crecer.

Empezaba a darme cuenta por fin de que, en mi afán por llegar a lo más alto, había dejado por el camino muchas cosas realmente importantes. Hasta ese momento no había sido consciente, pero ahora que empezaba a serlo me sentía triste, el precio de este éxito estaba siendo carísimo. Aunque ya te he dicho que nunca me he arrepentido de haberme involucrado en ninguno de los proyectos que he emprendido, sí me arrepiento en ocasiones de todo lo que he ido descuidando. Sentí cómo haberme rendido había hecho que resurgiese en mí una nueva persona dispuesta a aceptar situaciones que nunca antes me había imaginado.

Al cabo de unas dos horas llegamos a Belén, pero antes de entrar en la ciudad tuvimos que esperar una importante caravana para pasar el control de una enorme frontera similar al Muro de Berlín que separaba Jerusalén de Palestina.

El viaje se ponía interesante, pues hasta ese instante para mí Palestina era sinónimo de guerra. Al atravesar el muro me invadió una extraña sensación. Imponía mucho y daba respeto pensar que estaba en un territorio donde los conflictos políticos llevaban ocurriendo muchas décadas. Empezaron ya a principios del siglo XX con la primera guerra entre ellos en 1948.

Una vez en el hotel me impactó ver la palabra Belén escrita en la entrada. Miré alrededor y no pude evitar pensar que estaba en uno de los lugares más importantes de la historia de la humanidad. El pueblo donde nació Jesucristo. Seas creyente o no, todos hemos oído este sitio cientos de veces a lo largo de nuestra vida y encontrarme en él me parecía increíble.

Nada más llegar nos presentaron a la que sería el ángel guardián de todo nuestro viaje. Una mujer llamada Fátima que se ocuparía de nosotros desde ese momento y hasta que nos fuésemos de Israel.

El padre Majadas nos dirigió unas palabras a todos en el *hall*.

—Bienvenidos a Belén. Como veis, es un pueblo muy humilde. Humilde y sin espectáculos, porque lo que vais a descubrir aquí está entre vosotros. Y antes de cenar os dejo esta frase de los Evangelios para que la consideréis.

> *Interrogado Jesús por los fariseos,*
> *le preguntaron:*
> *—¿Cuándo llegará el reino de Dios?*
> *—No vendrá el reino de Dios con espectáculo*
> *—les respondió Jesús—, porque ya está en*
> *medio de vosotros.*
> SAN LUCAS

Fátima nos dio las llaves de las habitaciones a los del grupo y, antes de subir a ellas, nos mandaron a un comedor como de colegio para que cenásemos de bufé, ¡también de colegio! No lo digo de forma despectiva. La verdad es que todo estaba muy bueno. De hecho, tengo que reconocer que en mi colegio se comía muy bien y ese es uno de los mejores recuerdos que tengo de él.

Como digo, la comida estaba bastante rica y tuve suerte porque en mi mesa solo estábamos Daniela y yo, de modo que pudimos hablar tranquilamente sobre las experiencias del viaje hasta el momento, cosa que me ayudó también a olvidar un poco los problemas que había dejado en Madrid.

Cuando terminamos la cena, el padre Majadas se puso en el centro de todas las mesas y se dirigió al grupo.

—Hermanos, espero que la comida de Belén os haya gustado. Todas y cada una de las noches, antes de iros a la cama, voy a instaurar una tradición que aprendí en Kenia y que me gusta hacer en los viajes. Los masáis, cuando oscurece, acostumbran a reunirse alrededor de la lumbre para compartir lo que ellos llaman las noticias del fuego. Sentados relatan las historias que les han sucedido a lo largo del día. Nosotros vamos a hacer lo mismo. Cuando terminemos de cenar, os contaré algunas historias que a mí me han inspirado. Esta la titularé «Las huellas en la playa».

Un hombre, al fallecer, llegó al cielo, y Dios le recibió con una pregunta:

—¿Cómo ves la historia de tu vida?

—Cuando miro hacia atrás —le respondió— la veo como un largo camino por la playa donde hay cuatro huellas: las mías y las tuyas, que me has acompañado en muchos momentos. Sin embargo, en otros, los más duros, los más difíciles, solo veo dos pisadas. ¿Por qué no estuviste a mi lado en esos instantes?

—En efecto, hijo mío —contestó Dios—, en esos momentos solo había dos huellas; eran las mías. Yo te estaba sosteniendo.

—Meditar esta noche sobre las huellas del Señor en vuestras vidas —nos pidió el padre Majadas.

Después de escuchar esta maravillosa parábola, nos levantamos de las mesas y nos fuimos todos pensativos a nuestras habitaciones. Mi hija y yo compartiríamos siempre una durante el viaje.

Nada más entrar en el cuarto, abrí la ventana para descubrir las vistas. Me impactó enormemente la imagen que teníamos del gran muro que divide Jerusalén y Palestina. Al verlo, me vinieron a la cabeza la cantidad de estupideces y de injusticias que la raza humana ha hecho a lo largo de la historia. Recordé un relato de un libro sobre el holocausto que leí con Daniela cuando vivíamos en Nueva York. En la cultura americana obligan en el colegio a hacer lecturas sobre este tema. Imagino que lo harán para intentar que el hombre recuerde las barbaries que se han hecho y que no vuelvan a suceder jamás.

Aquel libro dejó grabado en mi mente uno de los episodios más terroríficos que he escuchado a una persona. El autor contaba cómo detuvieron a sus padres judíos, a sus hermanas y a él mismo, y los metieron en un tren para llevarlos a un campo de concentración, muertos de frío y en las peores circunstancias en las que se puede transportar a un ser humano.

Al bajar del convoy les hicieron andar a todos hacia las puertas del campo, y relata cómo tan solo ocho palabras, repito, tan solo ocho palabras, le hicieron el mayor daño que le ha provocado ninguna otra en su vida. Estas palabras fueron:

—Hombres a la derecha, mujeres a la izquierda.

Así fue cómo separaron a su padre y a él de sus hermanas y su madre. Ese momento fue la última vez que las vio en su vida.

Espero y deseo que las lecturas de estos libros sirvan para recordarnos a todos estos capítulos atroces de la historia de la humanidad para que no vuelvan a repetirse porque

**No podemos olvidar lo inolvidable,
ni aceptar lo inaceptable.**

—¡Buenas noches, Daniela! —le dije a mi hija.

—¡Buenas noches, papi! —me contestó.

Y antes de dormir hicimos lo que venimos haciendo cada noche cuando estamos juntos: rezar el *Jesusito de mi vida,* repartiéndonos las frases.

Tenemos otra tradición más antes de irnos a la cama desde que cumplió los cuatro años: me gusta compartir con ella alguna frase que haya escuchado a lo largo del día. Le he enseñado que a diario debemos acostarnos habiendo aprendido algo nuevo. Ha debido de hacer efecto en ella, porque en la actualidad, después de haber trabajado en la ONU en Nueva York, a sus veintitrés años que tiene el día que escribo este capítulo, Daniela es la dueña de un periódico digital en Nueva York y es todo un referente en información para las nuevas generaciones. De hecho, cuando yo no entiendo algo que está pasando por el mundo, la llamo para que me lo explique.

Ahora quiero compartir contigo algo que me dijo la monja con la que me reuní en mi despacho y que no te había contado. Se me quedó grabado. En un momento de nuestra conversación le expliqué que había muchas cosas que me estaban echando para atrás y a veces me costaba seguir adelante. Ella me animó diciendo:

Cuando la vida te lleve hacia atrás significa que te lanzará hacia momentos increíbles.

4
PRIMER MANDAMIENTO.
TÚ ERES TU PROPIO DIOS

Ese día visitamos el Campo de los Pastores, la gruta de San José, la basílica de la Natividad y Ain Karem, patria de Juan Bautista.

¡ALGO NUEVO QUE APRENDER!

Como siempre me gusta dejar las cortinas abiertas, el sol me despertó a las cinco de la mañana. Habíamos quedado en el autobús a las siete porque había que salir temprano. Según nos dijo el padre Majadas, era para atravesar el muro antes de que empezaran las colas de los palestinos que salen todos los días para sentarse, con su bocadillo envuelto en papel de periódico, en la pared pasado el muro. Allí esperan que alguien los recoja para poder trabajar ese día. La imagen es digna de verse. Muy triste y dura.

Nada más levantarme miré a través de los cristales de la ventana como la tarde de antes y la imagen volvió a ser impactante, fría y emocionalmente aterradora. El muro que la noche anterior se entreveía con las luces que lo limitan, hoy se revelaba en todo su esplendor, y era escalofriante observar cómo el ser humano mediante un muro había separado dos culturas que tendrían que ser hermanas. Aquí queda patente la separación materializada entre ambos pueblos.

Me duché, me vestí y, mientras Daniela se daba también una ducha, encendí el ordenador para leer las noticias. Estaba convencido de que algo nuevo aprendería con el «¿Sabías que?» de *Ac2ality*. Y así fue, porque la Biblia predijo que la Tierra era redonda antes de que Cristóbal Colón navegara a través de los mares para descubrir un nuevo continente. Antes incluso de que Aristóteles sugiriera que nuestro planeta era como una esfera.

> ***Y es él, quien se sienta***
> ***en el círculo de la tierra.***
> ISAÍAS

Después de leer la prensa, dediqué mis veinte minutos diarios a meditar. Qué mejor manera de empezar la jornada. Después, bajamos a desayunar y nos sentamos en la misma mesa donde habíamos cenado la noche anterior. Y tal y como nos pidió el padre Majadas, estuvimos puntuales en el autobús.

Bueno, no todos lo hicieron. Algunos del grupo no llegaron a la hora que nos había pedido, y es cuando descubrimos otra cara distinta del padre. Su enfado por los minutos de retraso fue descomunal, y así lo manifestó desde que partió el autobús hasta que llegamos a nuestro destino. Dejó bien claro que eso no se podía volver a repetir porque, aunque ese día no íbamos a cruzar el muro, los que sí lo hiciéramos podría provocar colas larguísimas de espera y nos retrasaría todas las visitas.

Después de la reprimenda y antes de salir, el padre Majadas nos pidió que nos sentásemos en el *hall* y fuésemos presentándonos uno por uno, haciendo una breve introducción de nuestra historia personal.

Las presentaciones fueron como las de una clase que acaba de empezar el curso y van a salir de excursión. Yo me sentía una vez más como si estuviese en el colegio, esa sensación estúpida y rara que no me gusta nada.

Cuando llegó nuestro turno, me presenté contando a todos que Daniela y yo hacíamos un viaje juntos cada año y este habíamos decidido venir a Israel.

—Luis, qué bonito es que intentes enseñar lo que puedas a tu hija —dijo el padre Majadas—. La madre Teresa lo resumió con unas hermosas palabras.

> *La enseñarás a volar, pero no volará tu vuelo.*
> *La enseñarás a soñar, pero no soñará tu sueño.*
> *La enseñarás a vivir, pero no vivirá tu vida. Sin embargo, en cada vuelo, en cada vida, en cada sueño, perdurará siempre la huella del camino enseñado.*
>
> SANTA TERESA DE CALCUTA

Desde luego el padre sabía perfectamente qué decir en cada momento para abrirte un poco el alma y recapacitar. Tenía una maravillosa sensación de alegría. Ahora sé que era el inicio de lo que llaman el despertar.

Terminamos las presentaciones y, con voz mística y en tono de sermón, el padre continuó con su discurso:

—En algún momento del viaje, como en todos a Tierra Santa, siempre se siente la bendición y la inspiración de Dios. Si lo buscáis, lo encontraréis, porque como decía san Mateo, todo el que pide, recibe, todo el que busca, halla y a todo el que llama, se le abrirá la puerta.

Me quedé expectante pensando si sería verdad que yo iba a sentir la inspiración en algún momento.

El padre prosiguió:

—Hoy nos disponemos a hacer dos visitas importantísimas. El autobús partirá hacia el Campo de los Pastores, allí donde el ángel se presentó a los pastores para anunciarles que un niño, el hijo de Dios, había nacido, y que tenían que ir a adorarle. Os leeré cómo narra san Lucas lo que allí pasó.

¡No puede ser!, pensé. Nos va a leer la Biblia todos los días. ¡Vaya pesadez! Y, tal y como me temía, el padre comenzó con el anuncio del nacimiento de Jesús.

Había en una misma comarca unos pastores que dormían al raso y que vigilaban por turnos durante la noche su rebaño. Se les presentó el ángel del Señor y su gloria los envolvió en su luz.

—No temáis —les dijo—, pues os anuncio una gran alegría, que lo será para todo el pueblo. Ha nacido hoy, en la ciudad de David, un salvador que es el Cristo Señor.

—Gloria a Dios en las alturas y en la tierra paz a los hombres en quienes él se complace —alababa un ejército celestial de ángeles.

Y cuando estos se fueron al cielo, los pastores se dijeron unos a otros:

—Vayamos hasta Belén y veamos lo que ha sucedido y el Señor nos ha manifestado.

Y fueron a toda prisa, y encontraron a María y a José, y al niño acostado en el pesebre.

Al verlo, dieron a conocer lo que les habían dicho acerca de aquel niño; y todos los que los oyeron se maravillaban de lo que los pastores les decían.

UNOS CAMPOS Y UNA MANO AMIGA

Y sin más dilación nos dirigimos al autobús y este se puso en marcha hacia aquel lugar.

Cuando llegamos a ese «campo», mi decepción no pudo ser mayor, porque realmente podíamos estar en cualquier parcela de Almería, Toledo o Móstoles. El paraje hubiese sido exactamente el mismo. Pero no, estábamos donde el ángel había anunciado a los pastores el nacimiento de Jesús.

Yo no dejaba de pensar en lo feo que era el paraje que teníamos delante y no entendía por qué cientos de autobuses se paraban allí para ver esos terrenos poco cuidados y con verjas rotas.

Con mi mente empresarial y emprendedora, pensé que yo hubiese colocado ahí grandes jardines, puestos de *merchandising,* bares y algún museo. Pero allí solo había un terreno árido de espigas.

Seguía mirando el descampado cuando una de las mujeres panameñas se me acercó.

—¡Hola! Me llamo Mariela —me saludó—. Qué maravilla, ¿verdad?

Yo la miré a los ojos para ver si estaba bromeando o lo estaba diciendo en serio. ¿Dónde está la maravilla?, me dije para mí.

—Sé lo que estás pensando —prosiguió.

—No lo creo —le respondí con media sonrisa.

—Estás pensando que no entiendes por qué hemos parado aquí para ver un solar que a simple vista no dice nada.

Me dejó perplejo porque era en efecto lo que tenía en ese momento en mente.

—Lo que os pasa a la mayoría es que os empeñáis en ver única y exclusivamente lo que recibís desde fuera, sin daros cuenta de que como mejor se ven las cosas es mirando desde dentro.

> *Nada hay fuera del hombre que al entrar en él*
> *pueda hacerlo impuro; pero lo que sale del*
> *hombre eso sí que le hace impuro.*
> SAN MARCOS

—Si miras desde la luz que Dios te ha dado —continuó explicando Mariela— verás aquí unos campos donde empezaron a suceder los hechos que cambiarían la humanidad. Los pastores que hace dos mil años estaban en este mismo sitio tuvieron tanta fe que fueron capaces de seguir camino arriba hasta llegar a la gruta de San José. Aquí exactamente, en este punto donde estamos, empezó todo. Aquí se inició una nueva era, aquí comenzó a contarse el año uno y tú hoy estás en el mismo lugar donde todo sucedió. Cierra los ojos, mira desde dentro y verás cómo eres capaz de cambiar en un segundo la situación. Donde veías un terreno feo y árido, verás la semilla de tantas generaciones que siguieron después a aquel niño. Seas creyente o no, tienes que reconocer que ese hecho cambió la historia.

Mariela me cogió la mano e inmediatamente sentí un escalofrío por el cuerpo que me hizo transportarme a aquel maravilloso momento. Por unos segundos pude ver a aquellos pastores, una prodigiosa noche, un cielo estrellado y al mismo ángel anunciándoles la nueva buena. No recuerdo si transcurrió un minuto, dos, tres o media hora, pero a mí me pareció eterno aquel tiempo cogido de la mano de Mariela con los ojos cerrados. Después me dijo que los abriese y, sin soltarme, subimos juntos siguiendo al grupo hasta la gruta de San José.

Como ya nos había dicho el padre Majadas, tendríamos la oportunidad de escuchar una misa todos los días del viaje. A mí aquello me parecía soporífero, pero como no podía escaparme, me quedé para oír la primera de las muchas que me esperaban.

Cuando terminó, nos dirigimos todos, cómo no, al autobús, y al llegar a mi asiento me encontré, ya ocupando un sitio a mi lado, a mi nueva amiga Mariela. Tengo que reconocer que, aunque me encanta la soledad y no me agrada relacionarme con la gente que no conozco, su rostro me hacía sentir a gusto porque notaba que no tenía que hablar tan solo por hablar. Nada más sentarme, me dio la mano y no medió palabra.

El padre Majadas abrió su libro de *Cánticos de alegrías* y empezó a hablar y a cantar en hebreo. El autobús tomó camino entonces a la basílica de la Natividad, en Belén, donde veríamos la iglesia donde había nacido Jesucristo.

Al llegar a nuestro destino, antes de entrar al templo, Mariela, aprovechando que estábamos un poco separados del grupo, me dijo:

—Sé que a este viaje has venido forzado y por una situación de desesperación, pero hoy empieza en ti un nuevo día. Hoy vas a descubrir un mandamiento. Dios me ha enviado para enseñarte el primero que tienes que aprender. Estate atento a mis palabras.

¿Dios la había enviado? ¿Había oído bien? ¿Enseñarme el primer mandamiento? No entendía nada, pero, por algún motivo, me callé y me limité a escuchar.

—Lo primero que el Creador dijo en el Génesis es «yo te haré a mi imagen y semejanza». Es decir, cuando Dios nos creó hizo de nosotros pequeños dioses. O sea, tú eres capaz de crear un mundo tan maravilloso como el que él creó. Empieza hoy a crear el tuyo. Solo debes saber que tienes la capacidad, al igual que todo ser humano, de hacerlo desde dentro hacia fuera.

> *Somos lo que pensamos. Todo lo que somos*
> *surge de nuestros pensamientos.*
> BUDA

—Todos piensan como tú —continuó diciendo—, que las cosas suceden desde fuera y nosotros reaccionamos ante ellas. A los hechos fortuitos, a lo que te pasa, al tiempo, al trabajo, a los jefes, a los compañeros, pero no es así. Cada uno somos capaces desde dentro de crear lo que queremos que pase fuera. Quédate con esta reflexión, de que puedes crear tu propio mundo. Cuando terminemos de ver la gruta de la Natividad, te contaré mi historia para que medites sobre ella esta noche antes de irte a la cama.

De nuevo me cogió la mano y me llevó a la fila donde había que entrar para bajar unos escalones y ver el lugar donde la tradición dice que nació Jesucristo, que ahora se encuentra bajo una iglesia en Belén.

La verdad es que fue un momento absolutamente mágico. Cerré los ojos y lo recreé en mi mente. Estaba en el mismo sitio donde estuvo en su día el famoso pesebre que todos conocemos y cada año veneramos en Navidad. No voy a contarte más sobre las sensaciones que allí se perciben porque hay emociones que no se pueden describir con palabras; y esta es una de ellas. Espero que algún día hagas este viaje y lo puedas experimentar.

Al salir subimos al autobús, pero Mariela no estaba en él, pensé que se habría adelantado al hotel con otros compañeros. Me acomodé en mi asiento y, donde se había sentado ella, había un libro con un marcapáginas. Lo abrí y, justo donde estaba la señal, encontré un relato que se titulaba «La gran sabiduría del ser humano se encuentra en su interior». Empecé a leerlo y como tal te lo narro.

Al comienzo de los tiempos se juntaron todos los dioses para crear el universo. Cada uno estaba especializado en algo distinto, por lo que se repartieron el trabajo y determinaron reunirse de nuevo cuando hubieran acabado.

El dios de la luz concibió todas las cosas relucientes y las estrellas. Estaba tan encantado que creó primero algunas, luego decenas, después miles y continuó hasta convertirlas en millones. Eran muy bellas y se veían espléndidas cuando contrastaban con el negro del infinito.

Otro de los dioses pensó en crear una forma de vida hábil, ágil y preciosa. Y creó al gato. Un animal tan independiente que pronto se escapó sin que nadie supiera adónde. Por eso otro dios creyó que sería preferible crear un ser vivo que los acompañara y estuviera junto a ellos siempre. Entonces hizo al perro. Todos los dioses estaban felices, excepto uno que no le gustó que no hablara ni pensara.

Este dios creyó que hacía falta tiempo para formar una vida más inteligente, y decidió esperar hasta que tuviera un ser completo que pensara y sintiera, es decir, hasta que fuera lo más perfecto posible. Qué sentido tendría, según él, un universo sin nadie que lo admirara y comprendiera su significado.

Y después de siglos esperando, por fin un día creó al hombre. Y lo hizo a su imagen y semejanza. Pero después de ser creado, el hombre no sabía qué hacer. Por eso otro de los dioses sugirió entregarle el don de la felicidad. Cuando lo hizo, el hombre se tumbó en un campo y contempló las estrellas. Y las siguió contemplando durante otros tantos siglos, porque su corazón estaba tan lleno de dicha que no precisaba de nada más.

Al observar esto, el dios que lo había creado recapacitó y vio que su compañero había cometido una equivocación, pues al otorgarle la felicidad infinita le había hecho un ser pasivo que ni usaba la inteligencia ni la sensibilidad que le había proporcionado. Entonces tuvo una idea. No deseaba que dejara de ser feliz, pero sí le ocultaría la felicidad para que se obligara a buscarla y tuviera que abandonar su desinterés por todo.

Al resto de dioses les pareció una decisión acertada. Así que uno sugirió que la metieran en un cofre, lo cerraran con unas llaves y luego escondieran estas. Todos asintieron, pero ninguno sabía dónde guardar el cofre y dónde las llaves. Algunos propusieron esconderlo en el fondo del mar, otros en el cielo, otros en los volcanes. Después de mucho discutir sobre el asunto, el dios que había creado al hombre tuvo otra idea mejor.

—Lo mejor es esconder las dos cosas dentro de ellos mismos. Así no tendrán más remedio que conocerse para poder encontrar el cofre y las llaves.

Todos estuvieron de acuerdo.

Escondamos el cofre en su mente para que mediante su inteligencia lo pueda encontrar —dijo el dios de la luz.

Después de asentir todos de nuevo, el dios de las profundidades agregó:

—Y guardemos las llaves en su corazón para que la bondad les revele el camino para encontrarlas.

ERES TU DIOS

Estaba muy bien el mensaje y la enseñanza de Mariela. ¿Significaba eso que si era mi propio Dios y podía crear mi mundo, podría cambiar cualquier cosa? ¿Podría crear las situaciones que deseaba? Pero ¿cómo? ¿Cuál era la forma de poder hacerlo? ¿Cómo debía empezar? ¿Cuál era la técnica?

Tú eres capaz de crear tu propio mundo desde dentro hacia fuera. Todo lo que ocurre en el mundo exterior lo has creado tú; todo lo que pasa, pasa por ti, así que sé consciente de esa fuerza que tienes y empieza a crear tu nuevo maravilloso mundo.

Durante la cena me mantuve en silencio, pensando qué significaba ser tu propio Dios. Y recostado en la cama no dejé de dar vueltas a todas aquellas preguntas. Me dispuse a apagar la luz y a rezar, pero antes tuve que compartir con mi hija Daniela la frase que más me había gustado ese día.

**Cuanto más creces por dentro,
más valoras las cosas que recibes de fuera.**

5
SEGUNDO MANDAMIENTO.
VISUALIZA

Ese día visitamos en Jerusalén el Monte de los Olivos, el edículo de la Ascensión, la iglesia del Pater Noster, la capilla del Dominus Flevit y el Cedrón.

¡ALGO NUEVO QUE APRENDER!

Rápidamente salté de la cama para ducharme, vestirme y aprender algo nuevo. Quería ver cuál era el «¿Sabías que?» de ese día. Trataba sobre las leyes de higiene.

En 1845, Ignaz Semmelweis, un doctor húngaro, estaba horrorizado por las muchas mujeres que fallecían en los hospitales al dar a luz, bastante más del treinta por ciento morían después del parto. Entonces se dio cuenta de que sus colegas, después de explorar a las pacientes que perecían, iban a examinar a otras sin lavarse las manos. Por entonces era lo normal, pues no tenían conocimiento ni de virus, microbios ni bacterias.

Ignaz pidió entonces a todos los médicos que se lavaran bien las manos antes de ir a atender a otra paciente. La ratio de fallecimientos se redujo de inmediato.

Pero mucho antes de que el doctor demandara esta práctica a sus colegas, ya en la Biblia se veían las siguientes instrucciones de Dios a su gente cuando se enfrentaba a las enfermedades.

> *Y cuando él tenga una enfermedad,*
> *y sea tratado y curado de esa enfermedad,*
> *debe limpiarse, lavar sus ropas y bañarse*
> *en agua corriente.*
> *Y así será limpiado.*
> LEVÍTICO

Hasta no hace muchos años, los doctores se lavaban las manos en una palangana, por lo que dejaban el agua repleta de gérmenes. Tardamos tiempo en entender lo que la Biblia nos había enseñado.

¡Ya estaba satisfecho. Había aprendido algo nuevo! Y como hice el día anterior, volví a mirar por la ventana para ver el muro que separa Jerusalén de Palestina.

Viviendo en un país libre como es España, impacta muchísimo comprobar cómo otras personas están separadas por kilos de hormigón. Era solo el segundo día en Israel, pero no creo que me acostumbrara, aunque viviese aquí toda la vida, a tener que aceptar que hubiera hombres separados por muros de cemento.

Ojalá me equivoque, pero tengo el presentimiento de que en menos de diez años esa pared entre el pueblo israelí y el pueblo palestino se cerrará por completo y quedarán separados. También sospecho que todos los elementos que representan a los cristianos tarde o temprano quedarán igualmente separados de las tierras israelíes. Los judíos que no reconocen a Jesucristo como hijo de Dios harán que sus símbolos queden detrás del muro porque Jesús ha sido, posiblemente, a pesar de ser judío, una de sus mayores amenazas.

Viendo esta situación me sentí afortunado de que ninguna separación me apartara de mis seres queridos. A veces no nos damos cuenta de la cantidad de cosas que tenemos que agradecer hasta que vemos que hay miles de personas privadas de ellas.

Uno de los mayores problemas del ser humano es no apreciar lo que tiene hasta que lo pierde.

Bajamos a desayunar, y ni sentado a la mesa dejé de darle vueltas a las preguntas sobre cómo podría crear mi nuevo mundo tal y como me había dicho Mariela. ¿Cuál sería la forma?

En la cena de la noche anterior se había sentado junto a mí un señor, otro de los del grupo de panameños, con el pelo cano, gafas claras y con una camisa de lino blanca tipo caribeña. Parecía entre un cura y un ministro, ni una cosa ni la otra o las dos a la vez. Durante este tiempo no me dirigió una sola palabra. Y todo sea dicho, yo tampoco a él. Y ya en el desayuno tan solo nos dimos los buenos días y nada más. Su mutismo me inquietaba, pero a la vez me gustaba la sensación de no tener que dar conversación simplemente por darla. Es terrible cuánto habla la gente que no tiene nada que decir, pensé. Me molesta muchísimo cuando se habla por hablar. Reconozco que a veces parezco bastante antisocial, pero, como dicen, prefiero no decir nada si lo que voy a decir no es más bello que el silencio.

Muchas veces se consiguen más respuestas interpretando los silencios, que escuchando lo que dicen.

A las seis y media ya habíamos terminado de desayunar y estábamos todos en el autobús. El padre Majadas volvió a hacer hincapié en la importancia de ser puntuales y nos volvió a repetir que un minuto de retraso supondría varias horas en la frontera.

Ese día visitaríamos por primera vez Jerusalén, ciudad de la que todo el mundo ha oído hablar, y que yo, a pesar de haber viajado por medio planeta, no conocía y me intrigaba.

Siguiendo los pasos de Cristo

El padre Majadas nos anunció que iríamos directamente al famoso Monte de los Olivos, donde Jesucristo predicó tantas veces y donde tuvieron lugar múltiples pasajes de la Biblia.

Sentía curiosidad por saber dónde estaba Mariela. No la había visto subir al autobús y quería formularle todas esas preguntas que no se me iban de la cabeza. ¿Cómo podía empezar a crear el mundo que tanto había soñado?

Ya próximo a nuestro destino pude ver una vista preciosa de Israel a mi derecha. El padre Majadas nos dijo, como si supera lo que pensaba, que la imagen más bonita de Jerusalén era desde el Monte de los Olivos.

El autobús se detuvo y nada más bajar pude divisar uno de los mayores cementerios judíos que hay en el mundo. Una montaña entera de lápidas de mármol blancas esperando a su Mesías para que todos los judíos pudieran salir a su encuentro.

También vi las cúpulas de las mezquitas musulmanas. Desde ese horizonte, al mirar Jerusalén, me di cuenta de la enorme diversidad de religiones y culturas que se mezclan en una ciudad tan importante y cosmopolita.

Justo debajo de nosotros vi el monte lleno de olivos que me llevó a dos mil años atrás. Esta visión te traslada perfectamente con la imaginación a aquellos días. Te pone en situación, y, cerrando los ojos, puedes recrear los maravillosos momentos en los que Cristo paseó por allí de camino al desierto de Jericó, a Betania, predicando cada tarde cuando salía del templo para quedarse en el monte a descansar con los apóstoles.

Era imposible no imaginar esos instantes y admirarme de que aquello hubiera pasado unas muchas generaciones antes y que, aunque parece que dos milenios son muchos, realmente no lo son tanto. Sentí en mis carnes la importancia que tuvo aquella historia. Este paraje era muy diferente al de los pastores del día anterior, aquí sí que se percibía algo más, una energía especial.

Estaba con los ojos cerrados visualizando aquellos años cuando oí una voz a mi lado:

—Aarón. Mi nombre es Aarón.

Los abrí y me encontré al señor mayor con el que había desayunado. Me di cuenta entonces de que no le había preguntado ni siquiera su nombre. Me dio un poco de vergüenza haber sido tan maleducado.

—Luis. Me llamo Luis —respondí yo.

—Lo que estás haciendo ahora mismo es exactamente lo que tienes que hacer con tu vida.

—¿Cómo? ¿A qué se refiere? —no entendía a qué aludía.

—Se nota que estás dando muchas vueltas a algo que te inquieta. Es muy bueno hacerte preguntas, porque tarde o temprano encontrarás las respuestas —me contestó Aarón.

—Efectivamente. Tengo una inquietud que me ronda en la cabeza. Ayer Mariela me dijo que yo podría crear mi propio mundo y desde anoche llevo pensando cómo hacerlo. Me surgen muchas preguntas. ¿Cómo se puede crear el propio mundo? ¿Cómo empezar a hacerlo? ¿Cuál es la táctica para conseguirlo?

—Yo te enseñaré —me aseguró—. Todos los hombres tenemos un don que no utilizamos bien. Es el de la imaginación. Tal y como tú te estás imaginando lo que pasó aquí hace dos mil años, exactamente de la misma manera tienes que imaginarte tu futuro. Visualiza cómo van a ser los próximos años. Dónde te ves trabajando. Cómo te ves con tu familia. Cómo será tu novia. Cómo serás tú. Qué aficiones habrás aprendido. Qué cosas te gustaría haber conseguido. Qué ocupaciones tendrás. Dónde te gustaría vivir. Cómo les harás el bien a los demás. Qué cosas nuevas estudiarás. Qué cosas te gustaría tener. Qué cosas te gustaría disfrutar. Que países te gustaría visitar. Cómo te gustaría acercarte más a Dios... Cada día debes trabajar la visualización de tu propio mundo, la visualización de tu propia vida.

Yo le escuchaba con atención intentando que no se me olvidara ninguna de sus palabras.

—Tienes que imaginarte cada día desde dentro y hacia fuera cómo te gustaría que fuera tu mundo —prosiguió Aarón—. Todo lo que seas capaz de imaginar, serás capaz de crear; todo lo que puedas imaginar, será todo lo que puedas disfrutar.

> *Lo que pides en la oración, cree que ya lo*
> *recibiste y lo tendrás.*
> SAN MARCOS

¿Sería posible que fuera verdad? ¿Tal vez me estaba tomando el pelo? No podía decirle lo que pensaba.

—Puede que a veces no venga de la forma que tú crees, pero te aseguro que vendrá de la manera que más te convenga. Yo me he imaginado mi vida antes de que pasara, y estoy seguro de que por eso ha ocurrido así.

Puede que tú no tengas la vida que deseas, pero hay millones de personas que sueñan tener la vida que tú tienes.

—He oído lo de visualizar muchas veces —le interrumpí dispuesto a sincerarme—, pero siempre me ha parecido un cuento chino. ¿Puede darme alguna guía de cómo hacerlo de una manera efectiva?

—Yo te recomiendo los pasos de la visualización de un libro que escribió John McDonald. A mí me ha servido siempre —me contestó—. Lo leí en inglés, y su título es *The message of a master*. Para hacerte un resumen dice lo siguiente:

1. Mantén una foto en tu mente de lo que quieras que se materialice.
2. Para que se cumpla, no tengas otras imágenes que enturbien tu objetivo. Ten claro lo que quieres exactamente sin dudarlo, provocando distintas imágenes en tu mente muy específicas.
3. Intenta experimentar esa imagen con todos tus sentidos. A qué huele, cómo es el tacto, cómo te ves disfrutándolo...
4. Pensamos que las cosas reales son las que vemos con los ojos y proyectamos su imagen en nuestro cerebro, pero el ejercicio es al revés. Tienes que estar convencido de que lo que ves en tu imaginación es lo que quieres, porque es lo que proyectarás fuera y se hará realidad.

5. Mantén el mismo objetivo continuamente hasta conseguirlo.
6. Que lo que buscas sea secreto y confidencial para que la energía la pongas en visualizarlo y no se disipe gastándola con las palabras.
7. Hazlo a diario y olvídalo hasta el día siguiente, pero si quieres conseguirlo antes, visualízalo cuantas más veces mejor.
8. Haz tu parte y ten absoluta confianza en que el universo hará también la suya. No estés mirando de continuo a los lados para ver si está funcionando.
9. Confía ciegamente en que lo que deseas ya lo has conseguido, está en el universo y ahora solo falta que se materialice.

—Nada puede interponerse entre tú y tu objetivo —concluyó—. Y, pase lo que pase, sigue practicándolo con toda la fe del mundo.

El padre Majadas nos interrumpió desde el autobús indicándonos que debíamos subir para irnos.

Aarón y yo nos separamos, aunque me había dejado información suficiente para pensar sobre ella todo el día. Me parecía extraño que un desconocido se me acercara y me hablara de ese modo. Ayer Mariela y hoy Aarón. Quizás en este tipo de viajes era normal que hablasen con tanta confianza los unos con los otros, aunque a mí no dejara de sorprenderme. No estaba acostumbrado a algo así. Mis relaciones sociales solían ser más frías y los temas de conversación más superficiales.

El edículo de la Ascensión

Subimos al autobús y desde allí nos fuimos a visitar la famosa piedra desde donde se produjo la ascensión.

Jesús, tras su resurrección, reunió a sus incondicionales en el Monte de los Olivos desde donde subió a los cielos.

San Lucas

Esta piedra hoy en día se encuentra dentro de una mezquita musulmana. Con ese batiburrillo de preguntas que tenía en mi cabeza, de pronto noté toda esa energía de la que el padre Majadas nos había hablado. Nos había dicho que habría ocasiones en el viaje donde íbamos a sentir una presencia divina. Y, efectivamente, ese fue uno de los momentos.

Una vez que el grupo salió del lugar, me quedé solo. Y, sin saber por qué, empecé a llorar ante la enorme emoción que sentía dentro de mí. Recé varias veces, me arrodillé otras tantas para besar la piedra y al cerrar los ojos pude sentir la presencia de Jesús. Fue posiblemente uno de los instantes más espirituales de mi vida. Jamás me hubiese imaginado que ante una piedra en una montaña pudiera percibir semejante energía.

Obviamente estarás pensando que en esto mi imaginación tuvo mucho que ver, y seguro sea cierto, pero la verdad es que disfruté al máximo la experiencia, y si aquello era fruto de mi cabeza, pues bienvenido fuera quien me hubiera iluminado para sentir esas cosas gracias a mis pensamientos.

Como te digo, me quedé solo con Jesús rezando, disfrutando esa maravillosa sensación hasta que la voz del padre Majadas me sacó de tan bonito éxtasis.

—¡Luis! Nos vamos ya —me gritó.

Unas piedras veneradas

De ahí partimos al centro de Jerusalén, donde nos llevaron a ver el famoso Muro de las Lamentaciones en el que los judíos se pasan orando todo el día. El interior de la ciudad de Jerusalén está lleno de símbolos religiosos de distintas culturas.

El padre Majadas nos fue guiando durante la tarde contándonos la historia de los lugares. Fue un paseo maravilloso, la verdad, yo cada vez me sentía más integrado en el viaje y, aunque las palabras del padre me parecían cuentos muy tiernos, como si me los estuviese narrando mi madre, en verdad me imbuían en un mundo de sueños.

Esa tarde fuimos a la basílica de la Dormición de María, el santo Cenáculo y el monasterio Cruzado de Sión, donde está la tumba de David. Tan solo nos faltó visitar el barrio judío.

Cuando me encontraba en el Muro, apoyado en la pared y con los ojos cerrados, intentando comprender este ritual religioso, volví a escuchar la voz de Aarón tal y como me había ocurrido por la mañana en el Monte de los Olivos:

—No abras los ojos —me pidió—, y quédate con el segundo mandamiento.

Continué como me había dicho con los ojos cerrados, pero no pude evitar pensar: ¿Otro mandamiento? Me parecía extraño, pero de la misma forma que el día anterior con Mariela, me dejé llevar. No tenía nada que perder y sentía que sí mucho que ganar. Los mantuve así mientras me insistía:

—Si eres capaz de visualizar un mundo mejor, serás capaz de crearlo.

Interiorizando esa frase miré a mi derecha para agradecer a Aarón que compartiese conmigo su sabiduría, pero para mi sorpresa no estaba allí. Había desaparecido como por arte de magia y, aunque intenté buscarle por la explanada, no lo encontré. Sin embargo, durante la hora que el padre Majadas nos había dado para pasear por Jerusalén, no dejé de pensar en sus palabras.

Dan igual tus circunstancias, puedes conseguirlo

Ya en el hotel y después de la cena, el padre nos volvió a reunir a todos para contarnos la historia del fuego del día.

—Buenas noches. Espero que hayáis tenido una bonita y espiritual jornada. Ojalá todos os sintáis un poco más cerca de Dios. Hoy habéis visto tras el muro entre Palestina y Jerusalén a muchos palestinos inmensamente pobres mendigando un día de trabajo con sus bolsitas de basura donde llevan el zurrón de pan y su bocadillo, que es lo único que van a comer hoy.

Jesús dijo: «Todo es posible para el que cree».
SAN MARCOS

—Os traigo la historia —continuó el padre— de cómo un niño con una infancia terrible se convirtió en uno de los mayores novelistas del siglo XIX.

En 1812 nació en las peores condiciones de pobreza un chico que, por sus circunstancias, no pudo ir al colegio. A los nueve años le internaron en una residencia, pues a su padre lo metieron en la cárcel por no pagar sus deudas y su familia fue ingresada con él, ya que en aquella época en Londres dejaban a la familia vivir en la celda con el preso si no tenían para mantenerse.

A los doce años el muchacho consiguió un trabajo pegando etiquetas en latas de betún para calzado en un garaje infectado de suciedad. El dinero que ganaba, seis chelines, lo llevaba todos los domingos a la prisión donde estaba su familia.

Pasaba hambre y dormía en ese mismo garaje en una habitación con otros dos chicos. Le daba tanta vergüenza escribir, que lo hacía por las noches cuando nadie podía verle para que no se rieran de él. Todo lo que escribía y presentaba para que lo publicaran era rechazado.

Finalmente, el gran día llegó, y una de sus historias fue aceptada. Conseguir que un editor le publicase le hizo cambiar de actitud y creer en sí mismo.

Hizo obras tan maravillosas como *Oliver Twist, Cuentos de Navidad* o su obra autobiográfica *David Copperfield* donde escribió «Yo no recibía ningún consejo, ningún apoyo, ningún estímulo, ningún consuelo, ninguna asistencia de ningún tipo, de nadie que me pudiera recordar cuánto deseaba conseguir mi sueño, pero lo conseguí porque todas esas cosas me las decía yo mismo».

El nombre de aquel joven, Charles Dickens.

Con este maravilloso relato nos fuimos Daniela y yo a la cama. Y, como siempre, rezamos juntos y le referí la frase que más me había gustado ese día:

Mientras que el ego nos hace llorar por las cosas que perdemos, el alma nos alegra de las cosas de las que nos liberamos.

6
TERCER MANDAMIENTO. SÉ HUMILDE

E se día visitamos Betania y la casa de Marta, María y Lázaro.

¡ALGO NUEVO QUE APRENDER!

Me encanta convertir en hábitos las cosas que me gustan porque luego el cerebro me las pide automáticamente.

Nada más abrir los ojos por la mañana, el primer pensamiento que me vino fue ir a encender el ordenador para ver cuál era el «¿Sabías que?» de ese día. Trataba sobre la Biblia y la ciencia de la oceanografía.

Matthew Maury fue un marino al que consideran padre de la oceanografía, y que un día leyendo la Biblia vio escrita la expresión «los caminos del mar». Matthew se dijo que si había caminos en el mar, él los hallaría. Así que cogió la palabra de Dios y se dispuso a buscarlos. Así descubrió las corrientes internas frías y calientes de los océanos.

Su libro *Geografía física del mar,* en el que narra los principios básicos de estas corrientes, es aún la base del estudio en oceanografía y se sigue utilizando en las universidades.

Me levanté de la cama y repetí la misma rutina de las otras mañanas: mirar hacia el muro. Lo hacía una vez más para recordarme que estaba en un país donde la libertad había que ganársela.

EL PUEBLO DE BETANIA

Era un día especial. La noche anterior, durante la cena, el padre Majadas nos anunció que iríamos a uno de los sitios más singulares relatados en la Biblia.

—Mañana iremos a Betania. Y allí conoceremos la casa del mejor amigo de Jesús. La casa de Lázaro, y de sus hermanas Marta y María. Aquí sucedieron pasajes como el que cuenta san Lucas.

Y empezó a leer.

Cuando Jesús estaba predicando en Galilea, se hospedó en la casa de Marta. Ella se dedicaba a arreglarla y a preparar la cena; María, en cambio, se sentó a los pies del Señor y se quedó escuchando su palabra. Marta, viendo esto, dijo:

—Señor, ¿no te importa que mi hermana me haya dejado sola para atender? Dile que me ayude.

—Marta, Marta —le reprochó Jesús de forma cortés y familiar—, de pocas cosas hay necesidad, o de solo una; porque María ha escogido la parte buena.

Se notaba que al padre Majadas le encantaba leernos las historias de la Biblia, y prosiguió después de unos segundos de silencio.

—También en este pueblo tuvo lugar ese pasaje de san Juan que a mí tanto me gusta en el que una mujer impregnó el cuerpo de Jesús con perfume de nardos.

Seis días antes de la Pascua fue Jesús a Betania, donde vivía Lázaro, a quien había resucitado de entre los muertos. Allí le ofrecieron una cena; Marta servía, y Lázaro era uno de los que estaban con él a la mesa.

María tomó una libra de perfume de nardo, auténtico y costoso, le ungió a Jesús los pies y se los enjugó con su cabellera. Y la casa se llenó de la fragancia del perfume.

Judas Iscariote, uno de sus discípulos, el que lo iba a entregar, dijo:

—¿Por qué no se ha vendido este perfume por trescientos denarios para dárselos a los pobres?

—Déjala —le respondió Jesús—, lo tenía guardado para el día de mi sepultura; porque a los pobres los tendréis siempre con vosotros, pero a mí no siempre me tendréis.

Desde que visité Betania, en mi casa siempre tengo un bote de perfume de nardos que huelo al acostarme y al levantarme para recordar que en algún momento Jesús olió así, y eso me ayuda a tenerlo más presente.

A pesar de las advertencias del padre Majadas, esa mañana dos mujeres llegaron tarde al autobús. Fueron cinco minutos, pero nos supuso treinta de espera en la frontera y nos retrasó las visitas del día. La verdad, todo sea dicho, el padre era un experto en el viaje, porque ese poco tiempo nos fastidió todo el programa.

El trayecto hasta Betania duró más de lo que creíamos, pero no me importó porque el autobús volvió a recorrer calles de Jerusalén y el Monte de los Olivos. Todo el camino del desierto hasta Betania me permitía imaginar perfectamente cómo serían los viajes que Jesucristo realizaba para ir a ver a su mejor amigo Lázaro. No es de extrañar que tardase dos días en llegar a su casa cuando le avisaron de su muerte.

Llegamos a Betania. Un cartel en la entrada del pueblo advertía que era territorio musulmán y zona de peligro para los judíos.

En la casa de Lázaro nos dieron misa. Era un sitio muy humilde, pero muy especial. Se podía percibir en el pueblo y en esas paredes de piedra la humildad con la que Jesús debió haber vivido. El padre Majadas resaltó precisamente esta humildad repetidas veces durante la homilía. Dos mil años después todavía mantiene ese espíritu.

Al finalizar la oración el resto del grupo se fue a hacer una visita por el museo que hoy se encuentra dentro de la casa. Yo me quedé sentado en la iglesia meditando con los ojos cerrados sobre los grandes hechos que allí habían sucedido. Me decía que allí fue donde murió Lázaro, donde Jesús lo resucitó y donde todavía se encuentran sus restos. Otros pensamientos me venían constantemente a la cabeza, recordándome que estaba recorriendo sitios que durante toda la vida había escuchado mencionar en las clases de religión, en palabras de mi madre, en tantos y tantos sermones en las misas, en películas, libros y relatos, y ahora yo estaba disfrutándolos en persona.

Cuando creía estar solo, escuché una voz joven y masculina detrás de mí. Era una voz como las que narran las meditaciones de YouTube.

—¡No abras los ojos! Solo escucha —me dijo en un susurro.

Empezaba a parecer normal este tipo de apariciones. Esta me sorprendió menos, lo sentí como algo normal que quizás estaban viviendo todos en aquel viaje. De modo que, obediente, me mantuve con los ojos cerrados.

—¡Humildad! —continuó diciéndome—. Humildad es la clave. Humildad es la base de una vida. Humildad es la herramienta que tienes que llevar en la mochila a diario para recordarte que lo que eres y lo que tienes es simple y llanamente algo que los de arriba te están dejando disfrutar. Cada vez que creas que lo que consigues y lo que tienes es tuyo y lo posees, el universo tarde o temprano te demostrará que no es así.

Si yo me glorifico a mí mismo,
mi gloria no es nada.
San Juan

Me intrigaban sus palabras. No entendía cómo precisamente me hablaba de la humildad. Era como si hubiera leído mis pensamientos.

—Las cuatro herramientas más importantes que tienes que cargar en tu mochila son la humildad, la esperanza, la constancia y el agradecimiento. Con ellas serás capaz de vivir y disfrutar cada momento del ciclo de la vida. La humildad para cuando te vayan bien las cosas recordar que volverás a los malos momentos. La esperanza para cuando te vayan mal recordar que te volverán a ir bien. La constancia para que nunca dejes de caminar. Y el agradecimiento, que es la madre de todas, porque cada día que agradezcas te será regalado uno nuevo y mejor.

**Conviértete en la mejor versión de ti
y sé la mejor persona que puedas ser.**

Le escuché sin abrir en ningún momento los ojos mientras sonaba una música relajante de fondo. No sé de dónde provenía.

—Y ahora, aprovechando la tranquilidad de la casa de Lázaro, meditemos juntos sobre lo que te acabo de decir —me pidió la voz.

Estuvimos así unos veinte minutos. Cuando por fin abrí los ojos, me giré para ver quién me había hablado, pero no había nadie detrás. Me dio un escalofrío que todavía hoy se repite cada vez que recuerdo aquel instante. ¿De dónde habría venido esa voz? No sé. Algo extraño pasó. Quizás se había ido mientras meditaba, pero no oí absolutamente ningún ruido. De haber sido así, tendría que haberse ido volando.

Pensarás que después de tres días en Israel escuchaba voces inexistentes y alucinaba, pero te puedo asegurar que estaba completamente cuerdo y esa voz no venía de mi cabeza. Lo más extraño es que eran justo las palabras que yo necesitaba oír.

Me quedé solo de nuevo, con la mente en blanco hasta que el padre Majadas me avisó de que ya nos íbamos.

De vuelta a Belén, se sentó en el autobús a mi lado un chico de unos dieciséis años. Desde el primer día pensé que era el hijo de alguna de las mujeres que nos acompañaban en el viaje. No dijo nada durante todo el trayecto, y, como ya te he contado, como yo tampoco soy del todo hablador, le correspondí con el mismo silencio. Pero ya llegando a Jerusalén, entrando de nuevo por el Monte de los Olivos, el muchacho se presentó:

—Hola, Luis, me llamo Nerón. Las palabras que escuchaste en casa de Lázaro no fueron una alucinación, era yo quien te hablaba. Lo que te revelé es lo que nosotros llamamos el tercer mandamiento.

Efectivamente era la voz de la iglesia, pero eso no me sorprendió tanto como escuchar lo del «tercer mandamiento». Empezaba a gustarme, aunque ¿podría una persona tan joven enseñarme algo tan importante? ¿Era posible que yo estuviera tan perdido y que él tuviera tanta sabiduría? Decidí dejar de pensar, me dejé llevar y él prosiguió.

—La humildad es uno de los mandamientos más importantes del siglo XXI porque sin ella todo se convertiría en frustración tarde o temprano.

> *Uno debe ser tan humilde como el polvo para poder descubrir la verdad.*
> Mahatma Gandhi

Tres hombres buenos

Al acabar de decir esto, se levantó y se fue hacia delante. El autobús acababa de llegar a las puertas del hotel y todos comenzaron a bajar. Yo permanecí unos minutos más pensando en las palabras que Nerón me había dicho y, cuando ya no quedaba nadie, salí y me dirigí directamente al comedor porque no faltaba mucho para la cena. Me llamó la atención que en la sala no estuvieran ni Mariela, ni Aarón ni tampoco Nerón. ¿Dónde se habrían metido?

Estuve charlando con mi hija y contándonos qué tal nos había ido el día, y durante el postre el padre Majadas se acercó a mí, se sentó enfrente y, con una expresión de mucha paz, me dijo:

—Qué interesante es el grupo, ¿verdad? Cada uno de ellos nos puede dar una gran lección. Tienen un don. Todos saben hacer algo mejor que nosotros. Son especialistas en algo. La mayor genialidad que Dios ha entregado al ser humano es darnos la capacidad de descubrir qué es lo que cada uno tenemos de especial. Si te abres al mundo, el mundo se abrirá a ti por diez.

Cogió su copa de vino y brindó conmigo.

—Gracias por estar aquí —me dijo—, porque estoy deseando descubrir qué es lo que tú puedes enseñarnos a nosotros.

—Padre, y… ¿en qué es usted bueno? —le pregunté yo osadamente.

—Intento replicar en la vida lo que era Jesús.

> *Yo soy la luz del mundo, quien me sigue no andará en tinieblas, sino que tendrá la luz de la vida.*
> **San Juan**

Se levantó y se encaminó al centro del comedor. Estaba casi seguro de lo que iba a decir.

—Llegó el momento de la noche —se dirigió a todos—. El relato de hoy se llama «La solución es la humildad».

Tres buenos hombres y sus familias vivían en una comarca donde el agua no abundaba casi nunca. Pero un año, el verano vino tan seco que su falta fue acuciante. Nadie en el pueblo sabía cómo remediar el problema.

Los hombres siempre habían sido amigos y se ayudaban en lo que podían, por eso decidieron reunirse para intentar entre los tres dar una respuesta a la terrible situación. Después de mucho pensar, concluyeron que debían acercarse hasta una aldea próxima para comprar allí agua. La población estaba a cuatro días de viaje.

A la mañana siguiente madrugaron y partieron decididos a llevar a cabo tan importante misión. Era cuestión de vida o muerte. Llevaban poca comida y sabían que tendrían que racionarla para que les durara todo el camino. También acarreaban los cántaros para portar el agua y unas mulas para cargarlos.

Fueron jornadas largas sin apenas descanso, pero llegaron a la aldea en el tiempo previsto. Los habitantes, viendo lo fatigados que estaban, les dieron cena. Y sin perder ni una hora más, llenaron las vasijas de agua, las subieron a sus mulas y pusieron rumbo de nuevo a sus casas guiados por las estrellas.

Cuando amaneció y el sol comenzó a apretar, decidieron detenerse para descansar. No era buena idea caminar bajo un calor abrasador. Así lo hicieron y a media tarde retomaron la marcha. Estaban ilusionados pensando en el recibimiento de sus vecinos. Sin embargo, cuando el sol estaba a punto de salir un día más, se percataron de que estaban en un lugar desconocido. Se habían perdido y no podían pedir ayuda a nadie.

Después de hablarlo determinaron elegir otra ruta que pensaban era la correcta, pero se equivocaron de nuevo. Tres días estuvieron dando vueltas, tres días en los que las provisiones se fueron agotando.

De repente vieron a lo lejos un árbol del que colgaba un solo fruto, y los amigos corrieron hasta él. Tenían hambre y los hombres se abalanzaron a cogerlo a la vez. Pero ¿cómo repartir tan poca comida?

En eso estaban cuando ante sus ojos apareció un anciano que guiaba a unas ovejas. El pastor les preguntó qué les pasaba y ellos le explicaron lo ocurrido. No sabían que en realidad el hombre era un mago que se ofreció a ayudarles si demostraban y honraban su amistad. Cada uno debía pedir un deseo.

El primer hombre dijo que quería que apareciera más comida. Pero el anciano le reprendió diciendo que ninguna solución venía de la abundancia externa. El segundo pidió que el fruto fuera tan grande que diera de comer a los tres, y también le reprendió diciendo que las verdaderas soluciones no nacían de cambiar lo externo, sino lo interno. Solo el tercero tuvo la solución: pidió que les hiciera más pequeños para que pudieran comer los tres de la fruta.

El mago escuchó la respuesta, se mostró satisfecho y desapareció, dejando allí sus ovejas. Y de repente empezó a llover, las vasijas se llenaron y, cuando acabó la tormenta, los tres estaban a las puertas de su aldea.

La solución ante los problemas es hacernos más pequeños, ser más humildes.

El padre Majadas nos dio las buenas noches y se despidió, no sin antes decirnos que meditáramos sobre el mensaje de la historia.

Cada día que pasaba sentía una verdadera transformación en mi alma. Los problemas que me esperaban en Madrid me pesaban menos y me llenaba más la experiencia que estaba viviendo. Empezaba a descubrir a un Luis que yo desconocía, a uno al que le hacían feliz cosas tan sencillas como el desayuno diario con Daniela, los relatos del padre y, sobre todo, los mandamientos que había aprendido de personas que ni siquiera conocía. Sin buscar nada a cambio se acercaban a mí para compartir lo que ellos habían aprendido sobre la vida. No estaba acostumbrado a que me dieran nada sin esperar algo a cambio. Quizás esto era otra cosa que tenía que aprender. Sentía que esos mandamientos iban a ser las leyes que regirían el resto de mi vida, como así ha sido.

Una vez en la cama mi hija y yo volvimos a rezar como todas la noches. Y después de la oración le dije la frase del día. Se la había oído al padre Majadas mientras hablaba con uno de los panameños y me encantó.

Algún día la vida te hará escoger entre las dos cosas que te puede ofrecer: lo material y lo espiritual. Antes de escoger recuerda que si escoges lo material perderás lo espiritual; y si escoges lo espiritual, conquistarás lo material.

7
Cuarto mandamiento. Disfruta

Ese día visitamos la ciudad de Jericó, el Monte de la Cuarentena y Tel es-Sultan.

¡Algo nuevo que aprender!

Me levanté con ganas de saber qué me ofrecería ese día el «¿Sabías que?» de *Ac2ality*. El tema parecía interesante: la Biblia y las ondas de luz.

Unos mil quinientos años antes de Cristo, Dios le había dicho a Job algo que durante siglos no supimos interpretar. Sus palabras fueron: «Puedes mandar relámpagos que viajen y se manifiesten donde tú estés».

No parecía muy creíble que la luz fuera enviada y se manifestara en otro sitio; sin embargo, hoy sabemos que las ondas electromagnéticas y los rayos x viajan a la velocidad de la luz. Esto fue descubierto en 1864, nada menos que tres mil trescientos años después de que lo dijera la Biblia, por James Clerk Maxwell, que sugirió que la electricidad y las ondas de luz eran dos formas de la misma cosa.

RUMBO A JERICÓ

El padre Majadas nos había comunicado la noche de antes que íbamos a ir a Jericó. Para ello debíamos atravesar el enorme desierto que durante cuarenta días y cuarenta noches recorrió Jesucristo completamente solo, donde, según dice la tradición, fue tentado por el demonio. Y esa mañana durante el viaje en autobús nos leyó parte del episodio referido por san Mateo en el Nuevo Testamento sobre la tentación de Jesús.

Jesús fue llevado por el espíritu de Dios al desierto, para que fuese tentado por el diablo. Y después de haber ayunado cuarenta días y cuarenta noches, tuvo hambre. Y vino el diablo y le dijo:

—Si eres el Hijo de Dios, di que esas piedras se conviertan en panes.

—Escrito está. No solo de pan vive el hombre, sino de toda palabra que sale de la boca de Dios —le respondió Jesús.

Nos quedamos con ganas de seguir escuchando más, pero nos pidió paciencia. Nos dijo que más tarde seguiría. Y, una vez en Jericó, cumplió su palabra.

Paramos en el centro de la ciudad junto a un gran árbol y el padre continuó con otro relato también situado en esa población tan antigua, pero esta vez del evangelista Lucas, donde un ciudadano, para conocer a Jesús, se subió a un sicómoro como aquel en el que nos encontrábamos.

—El título del relato es «El árbol de Zaqueo» —nos dijo.

Jesús entró acompañado de multitudes a Jericó. Allí estaba Zaqueo, un rico recaudador de impuestos que también deseaba conocerle, pero era tan bajo que le resultaba imposible divisarle entre tanta gente. Así que trepó a un sicómoro que sabía que había cerca y, cuando Jesús estaba al lado de la higuera, levantó la vista y le anunció que esa noche se quedaría en su casa a descansar. Todos a su alrededor murmuraron, pues decían que era la morada de un hombre pecador.

Zaqueo le ofreció a Jesús la mitad de sus posesiones como regalo a los pobres y para compensar sus posibles pecados, y entonces Jesús le dijo:

—Hoy ha llegado la salvación a esta casa, ya que este hombre también es hijo de Abraham.

Una bonita historia. Después de estas palabras del padre, se acercaron unos chicos ofreciéndonos dátiles. Todos compraron, y claro está yo también.

De nuevo montamos en el autobús y en esta ocasión fue el padre Majadas el que se sentó a mi lado. Como hacía en todos los viajes, cogió su libro de cánticos e interpretó canciones religiosas para terminar como siempre con *La paz esté con nosotros* en castellano y en hebreo.

Aproveché el trayecto para preguntarle por su vocación. Siempre me han llamado la atención los curas que hacen voto de pobreza y castidad. Aparentemente, sin estas dos cosas, una persona, tal y como nos han enseñado, es difícil que consiga la felicidad. Pero cuando tratas con ellos de cerca se nota que tienen un toque divino que les hace disfrutar plenamente la vida de una forma más pura, irradiando una paz muy superior al resto de nosotros.

A lo largo del trayecto, el autobús hizo varias paradas en las que el padre Majadas nos explicaba los hechos donde la Biblia situaba algunos de sus pasajes. Y el más destacado lo emplazó en el desierto.

—Aquí sucedió la famosa historia del buen samaritano. Abrió su Biblia y leyó.

Un doctor de la ley le preguntó a Jesús con ánimo de ponerlo a prueba:

—¿Qué debo hacer para obtener la vida eterna?

—¿Qué está escrito en la ley de Moisés? —le respondió Jesús.

El doctor le contestó con dos reflexiones de la Biblia.

Amarás al Señor tu Dios con todo tu corazón,
con toda tu alma y con todas tus fuerzas.
DEUTERONOMIO

Amarás a tu prójimo
como a ti mismo.
LEVÍTICO

Jesús le dijo que había argumentado bien, pero el doctor, queriendo justificarse, volvió a preguntar:

—¿Y quién es mi prójimo?

—Bajaba un hombre de Jerusalén a Jericó y cayó en manos de salteadores que, después de despojarle y golpearle, se fueron dejándole medio muerto —dijo Jesús—. Por casualidad bajaba por el mismo camino un sacerdote y, al verlo, dio un rodeo. También hizo lo mismo un levita, pero un samaritano...

—Quiero aclarar que los samaritanos en aquella época eran un pueblo marginado —puntualizó el padre Majadas.

—... un samaritano llegó junto a él y, al verlo, tuvo compasión; y, acercándose, vendó sus heridas; y montándolo sobre su propia cabalgadura, lo llevó a una posada y cuidó de él. Al día siguiente sacó dos denarios de su bolsa, se los dio al posadero y dijo: «Cuida de él y, si gastas algo más, te lo pagaré cuando vuelva». ¿Quién de estos tres te parece que fue prójimo del que cayó en manos de los salteadores?

—El que practicó la misericordia con él —respondió el doctor.

—Pues vete y haz tú lo mismo —le pidió Jesús.

Terminado el relato, retomamos la marcha en el autobús y el padre Majadas y yo seguimos conversando. Volví a insistir sobre la inquietud que me rondaba la cabeza.

—¿Cómo supo interpretar la señal de qué era lo que tenía que hacer en la vida? ¿Cómo supo escoger su dedicación?

—Es genial que te hagas esas preguntas. Empiezas muy bien porque ese es el inicio del camino. ¿Te sientes perdido? —me preguntó.

Estar perdido es la mejor manera de encontrar el camino.

Como si fuera mi psicólogo, compartí con él mis sentimientos abiertamente.

—Padre, a mi edad tengo la sensación de haber fracasado. Usted tiene voto de pobreza, pero se comporta como si fuese el hombre más rico que conozco. El que ha logrado más éxito. ¿Por qué?

—Hijo —me respondió—, lo primero que hay que analizar cuando uno empieza a pensar sobre las bases y fundamentos del éxito es exactamente qué es lo que nos han enseñado que esto significa. Todos tenemos claro, y el que diga lo contrario miente, que éxito es triunfar en la vida, concibiendo el triunfo como la ganancia de dinero, la abundancia, un buen físico, una guapa pareja como compañero o compañera, unos hijos maravillosos con muchos estudios, fama, poder, propiedades, lujo, viajes, maravillosas fotos de nuestro pasado. Sé que parece una lección de moralina, pero precisamente este viaje puede que sea tu despertar para concebir el verdadero concepto de éxito. El que nunca te han enseñado y que una vez que lo consigas lo disfrutarás plenamente. Es el único propósito en la vida y, al disfrutar de ti, empezarás a disfrutar de lo de fuera. Desde ese momento todo lo recibirás desde el conocimiento de que te llega porque tú estás en paz y feliz contigo mismo.

—¿Me da algún consejo para lograrlo? —le pedí.

—Desde luego. Es muy sencillo. Escribe las preguntas que te voy a decir y prométeme que a partir de hoy las leerás al despertarte cada día.

—¡Prometido! —le aseguré.

—Son cinco —me indicó el padre—. ¿Qué voy a hacer hoy para disfrutar? ¿Lo que voy a hacer hoy es realmente lo que me gusta? ¿Voy a hacer algo hoy que me haga crecer? ¿Tengo alguna deuda? ¿Tengo alguna cuenta pendiente para pedir perdón?

Fui apuntando en una libreta con la que siempre viajo cada una de las preguntas según me las iba diciendo.

—Hijo mío —prosiguió—, la palabra «trabajo» hay que sustituirla por «pasión», porque la primera servía para definir un yugo que se le ponía a los bueyes para labrar forzosamente las tierras. Se asociaba en la antigüedad con el sufrimiento. Cuando te preguntes cada día si lo que estás haciendo es realmente lo que te gusta, si varias mañanas seguidas dices que no, sin lugar a dudas tienes que cambiar de ocupación.

»Una de las mayores equivocaciones que comete el ser humano es trabajar para beneficiarse a sí mismo y tener una vida mejor. Ese es el gran error. Lo que has de preguntarte es lo que puedes hacer para servir a los otros. Porque, tal y como dice la Biblia, tienes que pensar en cómo beneficiar y cómo influir positivamente en la vida de diez personas.

—¿Diez personas nada más? —me extrañó el número tan preciso.

—Tan solo piensa en diez que tengas a tu alrededor y pregúntate cómo podrías ayudarlas para que sus vidas fueran un poco mejor. Está demostrado que en cada una que influyas, tendrá un efecto positivo sobre otras doscientas cincuenta a las que tienen acceso a través de sus amistades y conocidos.

»Hace unos diez años esta estadística era mucho menor y cada una tenía efecto sobre seis. Estas doscientas cincuenta personas a su vez tendrán otras doscientas cincuenta cada una de ellas, por lo que realmente te debes ocupar solo de ayudar y servir a las que tienes más próximas. El efecto positivo que harás en ellas te trasmitirá una energía tan maravillosa que irá creciendo tu necesidad de servir y atenderlas. Esto te hará crecer más por dentro. Y, al hacerlo, tu mundo exterior se multiplicará con creces.

**Tu mundo de fuera es tan solo
un reflejo de lo que tienes dentro.**

—Padre —le dije—, yo realmente disfruto haciendo espectáculos, soy muy feliz con mi trabajo, pero en ocasiones siento que las señales indican que debo dedicarme a otra cosa, que mis fracasos me dicen que no debo seguir ese camino.

—Querido Luis. Cuando Dios te quiere mandar un precioso regalo, te lo manda envuelto en papel de problemas. Algunos de los personajes más importantes de la historia pasaron grandes adversidades, pero eran retos que les prepararon para conseguir sus propósitos en la vida.

Los profesores de Thomas Alva Edison le expulsaron de la escuela porque decían que era retrasado y frenaba a los demás alumnos.

Walt Disney no fue capaz de hablar hasta los cuatro años y sus maestros dijeron que nunca llegaría a nada.

El gran físico Albert Einstein fracasó estrepitosamente en los negocios y fue derrotado en ocho elecciones.

El padre se levantó y, antes de irse a su asiento habitual en la parte delantera del autobús, me recordó lo que había mencionado:

—Así que no olvides lo que te dije: cambia la palabra «trabajo» por la palabra «pasión» de tu vocabulario.

> *El éxito es ir de fracaso en fracaso*
> *sin perder el entusiasmo.*
> WINSTON CHURCHILL

UN NUEVO PRECEPTO

Esta charla con el padre Majadas a lo largo del trayecto de vuelta de Jericó a Belén caló en mí de tal manera que me dejó pensativo toda la tarde.

Empleé el tiempo libre que nos quedaba ese día para volver andando desde el hotel a la iglesia donde se encuentra la gruta del nacimiento de Jesús. Tuve mucha suerte porque por la tarde ya no había ningún autobús de turistas y pude acceder completamente solo. Mis ángeles me habían dado la oportunidad de aprovechar ese momento místico en privado.

Justo cuando mis veinte minutos de meditación acababan, entró un pequeño grupo entre los que se encontraban algunos de los panameños del viaje. Uno de ellos se acercó a mí.

—Buenas tardes —me dijo—. Me llamo Dionisio y, aunque no nos han presentado, ya he visto que sigues con mucha atención todas las explicaciones. Qué razón tiene el padre Majadas cuando afirma que tenemos la obligación de disfrutar día a día con lo que hacemos. Somos hijos de Dios y Él quiere que pasemos esta vida disfrutando como nosotros queremos que lo hagan nuestros hijos, así que esfuérzate en tu cuarto mandamiento.

Disfruta de todo lo que hagas.
Que tu ocupación sea tu mayor motivación.

Una vez referido esto, me tomó la mano, me la apretó durante un rato, se levantó y se fue. En cualquier momento me hubiese parecido extraño que este hombre supiese exactamente lo que había estado hablando con el padre Majadas y, sobre todo, que al final me dijese que era el cuarto mandamiento. Pero para serte sincero, y como te he dicho, a estas alturas del viaje ya no me sorprendía nada, puesto que las personas iban apareciendo y desapareciendo de mi lado como si fuesen verdaderos fantasmas.

Después de recapacitar sobre esto un buen rato, volví al hotel para cenar. Llegué un poco tarde, justo cuando el padre Majadas se disponía a contar la historia de todas las noches.

—Ya has llegado, Luis. Te estaba esperando porque sé que te gustan mucho mis relatos y el de hoy te lo dedico especialmente a ti, puesto que tiene que ver con lo que hemos hablado en el autobús. Lo titulo «Y aunque nadie apostó por él, lo consiguió». Nuestro protagonista tenía un sueño, pero solo su madre creía en él. Mucha gente y repetidas veces le dijeron que no podría conseguirlo. A pesar de ello se convirtió en uno de los mejores tenores de la historia. Enrico Caruso es el personaje de nuestra historia de esta noche.

Nació en 1873 en la ciudad italiana de Nápoles y desde muy pequeño quiso ser cantante. Su madre lo llevó a una escuela de canto, pero la profesora le aseguró que no tenía condiciones. Sin embargo, era tal la ilusión del muchacho que la madre decidió enseñarle ella misma. Daba igual cómo lo hiciese Enrico, siempre le animaba diciéndole que lo había hecho mucho mejor que el día anterior y que tenía madera de triunfador.

Por desgracia, la mujer falleció cuando él contaba tan solo con quince años, por lo que tuvo que empezar a trabajar como mecánico en una fábrica de su ciudad natal. Con lo que ganaba, siguió preparándose porque su madre había implantado en él la semilla del éxito.

Con treinta años, Enrico debutó en el Metropolitan de Nueva York y se convirtió en el tenor más famoso de todos los tiempos.

—¡Todos tenemos alguien así a nuestro alrededor! —afirmó el padre Majadas—. Esas personas que intentan matar los sueños, simple y llanamente porque ellas no se atrevieron a hacer realidad los suyos.

En ese momento se giró y se dirigió a mí.

—Asegúrate —me dijo— de no hacer caso a esos que pretenden cortarte las alas.

El ser humano equivoca la dirección del conocimiento. Nos han enseñado a que para creer hay que ver, cuando es al contrario, cuando crees, lo ves.

Con esa maravillosa historia nos fuimos Daniela y yo a la habitación. Y como cada noche rezamos, y como ya era habitual y antes de quedarnos dormidos, compartí con ella la frase que más me había gustado del día.

> *Bienaventurados*
> *los que no vieron, y creyeron.*
> San Juan

8

QUINTO MANDAMIENTO.
APROVECHA TU VIDA AL MÁXIMO

Ese día visitamos las ruinas de Qumrán, el mar Muerto, el torrente del Cedrón, la tumba de la Virgen, la gruta de Getsemaní y el huerto de Getsemaní.

¡ALGO NUEVO QUE APRENDER!

Sin duda y como estás viendo he desarrollado la necesidad de esforzarme en descubrir algo cada día hasta que lo he convertido en un *hobby*. Puedo garantizarte que si tú también practicas este hábito, en tan solo diez años te habrás convertido en alguien con una cultura muy superior a la media. Parecen muchos diez años, pero ya sabes lo rápido que pasa el tiempo. Haz como yo, y acostúmbrate a que sea lo primero que hagas en el día.

Había amanecido y era mi momento del «¿Sabías que?». Ese día el artículo hablaba de la Biblia y la entropía, que en física es una magnitud termodinámica. Parece ser que, dado un período de tiempo suficiente, los procesos que se producen en el universo tienden al desorden. Es lo que dice la segunda ley de la termodinámica. Hablando claro, que la energía se va desgastando poco a poco y el universo tiende al punto en el que no haya disponible.

Esto se descubrió a mediados del siglo XIX, pero la Biblia ya se refirió a ello en tres ocasiones. Habló concretamente de que la Tierra tendería a desgastarse.

EL LUGAR MÁS BAJO DE LA TIERRA

El quinto día por Tierra Santa comenzó con nuestro viaje desde Jericó hacia el mar Muerto. Todos hemos oído hablar de ese mar en el que puedes flotar sin nadar y por fin iba a vivir esa experiencia en mis propias carnes.

Ya en el autobús se sentó junto a mí una mujer del grupo llamada Adela. Tenía una gran sonrisa, era morena y con el pelo cortado por encima de los hombros, y llevaba unas gafas grandes de pasta que le daban un toque muy intelectual.

Nada más iniciar el viaje, empezó a contarme una historia.

—Hijo mío, aquí donde me ves, tan alegre y jovial, no podrías creer que soy una nueva persona. Una completamente distinta. Siempre había sido una mujer bastante lamentosa y hasta ahora había disfrutado muy poco de la vida.

Yo iba asintiendo con la cabeza y cada dos frases emitía un mmm de aceptación de sus palabras para que viese que la escuchaba con detenimiento y atención.

—Con treinta y dos años —siguió con su relato— me diagnosticaron cáncer, y ahora vivo de una manera completamente diferente. El de páncreas es uno de los más dañinos y difíciles de superar. Extrañamente, o como decimos los creyentes, milagrosamente, soy de las pocas personas que ha sido capaz de vencerlo, aunque tengo que ir a revisiones continuas por si vuelve a aparecer, pero de momento todo va con normalidad. Estos reconocimientos que hago cada seis meses no me impiden vivir a tope. Decidí visitar todos los países que pudiera, vivir todas las experiencias que me apetecieran, conocer gente interesante, tomar más helados de los que me gustan, avergonzarme menos y bailar más. Desde entonces recibo cada mañana como un regalo, cuando antes ni siquiera las valoraba. Cada amanecer me recuerdo que algún día será el último y que tengo que vivirlo al máximo.

**La vida no es corta, es que tardamos
mucho tiempo en empezar a disfrutarla.**

Cuando habló del cáncer, empecé a interesarme por su historia. Tengo amigos que han padecido y padecen esta enfermedad.

—Me da mucha pena ver a tanta gente malgastar sus días sin darse cuenta del premio tan grande que tienen. ¿Sabes que ciento cincuenta mil personas mueren cada noche? Se acuestan y no vuelven a abrir los ojos. Tan solo despertar por la mañana ya es para estar muy agradecido. Sé que el ser humano solo valora el calor cuando ha conocido el frío, conoce la bendición de la luz cuando ha experimentado la oscuridad y reconoce lo bonito que es ser amado cuando sufre el abandono.

—¿Y cómo has conseguido tenerlo presente sin caer en el tópico del día a día donde vivimos como si nunca fuésemos a morir? —le comenté después de escuchar con atención sus últimas palabras.

—He creado una rutina. A diario, en mis ejercicios de meditación matutina, me digo: «Algún día cuando me levante será el último. Y podría ser hoy. Así que me aseguraré de vivirlo al máximo». También pienso que el día de mi muerte quiero hacerme cinco preguntas y estar segura de que me gustarán las respuestas. ¿Viví a tope? ¿Amé bien? ¿Dejé la Tierra mejor que cuando vine? ¿Soñé mucho? ¿Aprendí a relajarme y a dejar pasar las cosas?

A pesar de lo interesante de la conversación, tuvimos que interrumpirla, ya que el autobús se detuvo en una colina para divisar unas ruinas.

El padre Majadas nos hizo bajar para contarnos lo que había sucedido en aquel lugar.

—Hermanos —comenzó su explicación—, estamos en las ruinas del Qumrán. Allí, en esas cuevas, fueron encontrados unos de los manuscritos más valiosos de la historia. Algunos de estos constituyen el testimonio más antiguo del texto bíblico hallado hasta la fecha. Los localizó un pastor beduino y son tan importantes porque datan de hace unos dos mil años.

A continuación de la visita a las minas y la exposición del padre, salimos hacia donde todos estábamos deseando ir: el mar Muerto.

Una vez allí, y vestidos con nuestros bañadores, bajamos para descubrir si era verdad eso de que en este mar se flota. La verdad es que no deja insatisfecho a nadie la experiencia. Fue una sensación que jamás había vivido y que todos tendríamos que disfrutar alguna vez en la vida. Incluso su fuerte olor a azufre me pareció agradable. En cualquier otro sitio no lo soportaría, pero algo especial tiene esta tierra que me hizo deleitarme cada segundo que pasé en ella.

El baño fue muy placentero y tranquilo, pero hay que tener cuidado. Cualquier salpicadura del agua en los ojos puede provocarte un gran escozor. Luego me dijo Daniela que había muchas mujeres en los servicios quejándose de la irritación de la piel porque se habían depilado esa misma mañana.

Después del baño fuimos caminando deprisa por la arena de la playa, que abrasaba nuestros pies. Llegamos por fin al chiringuito que hay a pocos metros de la orilla, y nos tomamos una rica y fría piña colada.

Después de tan bonita velada, regresamos al autobús para ir de vuelta a Jerusalén. El padre Majadas nos indicó que, después de un buen baño en el mar Muerto, se avecinaba una maravillosa siesta.

—O el que prefiera que use este tiempo para meditar —apuntó.

Al rezar, el hombre habla y Dios escucha.
Al meditar, el hombre escucha y Dios habla.

En el camino de regreso, Adela no se sentó a mi lado, cosa que me dio pena, pero curiosamente apareció en mis sueños. En ellos me habló y me recordó mi quinto mandamiento.

—Aprovecha tu vida al máximo —me dijo—. Dios te hace un regalo a diario. Se llama hoy. Y hoy puede ser el último día y te aseguro que esta afirmación alguna vez será cierta, así que asegúrate de tener tus deberes bien hechos, haber dicho te quiero a quien tenías que decírselo y, sobre todo, no llevarte al cementerio ningún sueño no cumplido ni ningún proyecto no realizado.

> **Ten cuidado de cómo vives. Hazlo sabiamente, haciendo lo máximo que puedas de cada oportunidad.**
> **EFESIOS**

Me desperté sobresaltado al detenerse el autobús. Me sorprendió que los «nuevos mandamientos» apareciesen también en mis sueños.

Estábamos de vuelta a Jerusalén. Esa tarde fue una de las más bonitas del viaje. Visitamos el torrente del Cedrón con la tumba de la Virgen, el huerto de Getsemaní y escuchamos misa en la gruta de Getsemaní.

Tras la homilía me quedé un rato rezando. Y silenciosamente se acercó Adela adonde yo estaba.

—Las cosas que escuchamos en los sueños —me dijo— son tan importantes o más que las que escuchamos despiertos.

—¿Cómo sabes que me has hablado en mis sueños? —le pregunté.

—Cuando has estado tan enferma como yo estuve, estás más cerca de los de arriba que de los de aquí, y tenemos una conexión especial. Yo siempre tengo presente que

**Cada día el tiempo vale más
porque cada vez queda menos.**

Con estas palabras de Adela resonando aún en mi cabeza no subimos de nuevo al autobús para regresar al hotel. Y, como siempre, el padre Majadas nos obsequió con una de sus historias después de la cena de esa noche.

—En esta ocasión el relato trata sobre un valiente niño que luchó por conseguir lo que se había propuesto.

Llevaban dos amigos patinando en un lago toda la mañana cuando de repente el hielo se agrietó y uno de los chicos se hundió en el agua. Como llevaba mucha corriente, el muchacho que se había caído recorrió unos metros bajo la placa helada y solo había una forma de salvarlo: rompiéndola.

El otro chico chilló para que alguien le auxiliase, pero nadie fue en su ayuda. Estaba solo y sabía que debía salvar a su amigo como fuera. Así que fue a buscar algo con lo que romper la gruesa capa de hielo, y golpeó una vez, y otra, y otra, y otra, hasta que al final consiguió resquebrajarla y sujetar a su amigo, que ya estaba a punto de quedarse sin aire.

Cuando llegaron los bomberos a los que había avisado algún vecino que había visto el incidente, no creyeron que un niño tan pequeño hubiese sido capaz de tal proeza, porque sabían que se necesitaba mucha fuerza. Sin embargo, un anciano que estaba por allí, al oírles hablar, les dijo que él sí sabía cómo lo había logrado.

—A su alrededor no había nadie que le dijera que no podía hacerlo, y por eso lo hizo —dijo el hombre.

Qué ciertas eran las palabras del padre Majadas. Echando la vista atrás, había sido capaz de afrontar muchísimos proyectos porque no sabía que eran imposibles. De hecho, posiblemente ahora no podría hacerlos de nuevo porque la simple limitación mental de saberlo no me dejaría llevarlos a cabo. Así de poderosa es nuestra mente.

A continuación de esta inspiradora historia, fuimos a acostarnos. Rezamos y compartí con Daniela la reflexión del día que había visto escrita en una de las iglesias que habíamos visitado.

El que pregunta mucho, puede parecer tonto a veces; el que no pregunta nunca, parecerá tonto toda la vida.

9
Sexto mandamiento.
Aprende a relajarte

Ese día visitamos la iglesia de Santa Ana y la piscina de Betesda. La iglesia de la Flagelación, Lithostrotos, el convento de los monjes etiópicos, la basílica del Santo Sepulcro, la gruta de santa Elena y la tumba de Jesús. Y escuchamos misa en la capilla de los Cruzados.

¡Algo nuevo que aprender!

Me despertaba cada mañana con más ilusión. Ese día me apetecía especialmente la excursión. Estaba disfrutando del viaje, de mi hija Daniela e incluso hasta de los panameños. Deseaba empezar la jornada y me sentía vivo. Pero antes quería saber con qué me sorprendía *Ac2tuality*. El tema era los ciclos de las aguas.

¿Por qué los ríos no dejan de echar agua constantemente al mar y por qué este siempre tiene el mismo nivel? Esta era la pregunta que hacía el «¿Sabías que?» de esa mañana.

En la actualidad conocemos la respuesta, pero para las primeras civilizaciones no era fácil contestarla. Ya el libro del Eclesiastés decía que los ríos fluían hacia el mar y que de donde nacía su agua, allí volvería. Este testimonio por sí solo pudiera no tener un gran significado, pero si se piensa, por ejemplo, que el Misisipi descarga diecinueve millones de litros de agua por segundo en el golfo de México, uno puede preguntarse dónde va a parar toda ella. Hablamos de un solo río, pero la suma del agua de todos los del mundo haría que el mar estuviese subiendo constantemente.

La idea del ciclo hidrológico de la Tierra no fue entendida por los científicos hasta el siglo XVII. Sin embargo, dos mil años antes de que Pierre Perrault, Edme Mariotte y Edmund Halley lo explicaran, ya lo habían predicho las Escrituras.

DE VUELTA A JERUSALÉN

Nos encontrábamos justo en la mitad de nuestro viaje y yo ya sentía que mi transformación estaba siendo impresionante. Veía el mundo con otros colores. Como decía al principio, sentía que la varita mágica del padre Majadas estaba haciendo efecto en mí y en mi manera de plantear el día a día.

Era el sexto día en Israel y volvimos a visitar Jerusalén para ver aquellos sitios que no habíamos recorrido la primera vez que estuvimos.

Después del desayuno subimos como cada mañana al autobús. Todo el grupo había aprendido ya a ser puntual y pudimos salir a las seis y media como el padre nos había pedido para atravesar el muro sin esperar cola.

Al ser una ciudad amurallada y tan antigua, no es muy grande, por lo que merece la pena callejear por todos los rincones. En cada uno de ellos te encuentras siempre un pedazo de historia que seguro conoces.

El padre Majadas, como cada mañana, abrió su libro y leyó un párrafo de los Evangelios en referencia a los sitios que íbamos a ver. Seguidamente nos pusimos a cantar para terminar como siempre con *La paz esté con nosotros*. Para mi sorpresa, me encontré haciéndolo con el resto del grupo como uno más, completamente integrado.

El padre Majadas nos adelantó lo que íbamos a ver durante la mañana. La verdad es que daba igual el paraje que visitáramos, el padre con sus relatos engrandecía cualquier lugar. A cada paso sentía la presencia de una energía espiritual tan fuerte que me hacía vivir intensamente todo lo que nos estaba narrando. De hecho, los restos de la piscina de Betesda, uno de los sitios que visitaríamos, fue uno de los últimos descubrimientos significativos para los cristianos, puesto que ahí se sitúan algunos de los milagros más importantes de Jesucristo.

Muchas veces se había dicho que eran leyendas hasta que al final se descubrieron las ruinas y se vio que en los pasajes de los Evangelios se describía exactamente tal y como era. Esto ha dado mucha veracidad a las palabras escritas. Investigando, encontré algunos capítulos que describían muy bien su transcendencia. Parece ser que antes de encontrar los restos en el siglo XIX se acusaba a san Juan de no haber estado en Jerusalén y de la invención de este estanque.

Cuando estuvimos entre las ruinas, el padre Majadas abrió su libro y nos leyó el pasaje correspondiente de la Biblia que trataba de la curación de un paralítico en este mismo lugar.

Jesús subió a Jerusalén después de un día de fiesta para los judíos. Hay en Jerusalén, cerca de la puerta de las ovejas, un estanque llamado en hebreo Betesda con cinco pórticos. Bajo estos yacían multitud de enfermos, ciegos, cojos y paralíticos que esperaban el movimiento del agua. Allí había un hombre que hacía treinta y ocho años que estaba enfermo.

—¿Quieres curarte? —le dijo Jesús cuando le vio.

—Señor —le respondió—, no tengo quien me meta en la piscina. Cuando consigo llegar, otro ya ha descendido antes que yo.

—Levántate —le dijo Jesús—, toma tu lecho y anda.

En ese momento el paralítico quedó curado.

No estoy solo, el Señor está conmigo

Al salir de la piscina nos dispusimos a pasear para hacer el recorrido completo del vía crucis. Uno de los panameños llevaba bastón y se movía con dificultad. Me puse junto a él, le pregunté si necesitaba ayuda y si había algo que pudiese hacer para que fuera un poco más rápido y no se quedara atrás.

—Muchísimas gracias, Luis —me contestó.

—¿Cómo sabe mi nombre?

—Todos en el grupo sabemos tu nombre. Hemos estado hablando mucho de ti.

—¡Ah! ¿Sí? ¿Y qué dicen? —aunque a estas alturas ya no me sorprendía nada de mis compañeros de viaje, estaba interesado en saber qué opinaban de mí.

—Comentan que estás descubriendo los nuevos mandamientos. Me llamo Melquisedec —se presentó y se agarró a mi brazo.

Y así comenzamos juntos el recorrido que Jesús hizo por Jerusalén arrastrando la cruz en la que posteriormente le crucificaron.

Durante la caminata Melquisedec me fue narrando parte de su vida.

—Mi querido Luis, déjame que te cuente. Siendo joven, en el instituto, conocí a una joven preciosa. Me encantaba y ella me correspondía. Fue amor a primera vista por parte de los dos. Cuando terminamos el bachiller nos quisimos casar, pero su padre nos puso como condición para darnos su permiso, que debíamos tener una carrera los dos. Para estudiar, cada uno tuvimos que ir a un país diferente y estuvimos cinco años casi sin vernos, tan solo unos días en verano y algunos en Navidad cuando podíamos volver a casa, que no era siempre.

»Finalizada la universidad quisimos casarnos, pero ambos acordamos esperar a tener un trabajo para poder mantenernos y vivir juntos. Así que durante varios años más permanecimos cada uno en la casa de nuestros padres, aguardando el momento adecuado.

»Cuando por fin tuvimos unos ahorros, alquilamos un piso, nos casamos y empezamos a vivir juntos. Para entonces habíamos pasado ya de los treinta años, queríamos tener hijos pero decidimos esperar hasta tener una mejor posición económica. Parecía que nunca era lo suficiente. Aunque ganábamos cada vez más, pensábamos que para que nuestro hijo naciese con todas las comodidades debíamos esperar.

»Cuando ya teníamos cuarenta, el médico le dijo a ella que tendría que apresurarse porque con cada año sería más difícil quedarse embarazada. Así que decidimos tenerlo, y lo intentamos, vaya si lo intentamos, pero el hijo tan deseado nunca llegó.

»El sueño de ambos era recorrer el mundo juntos, pero no pudimos porque debíamos ahorrar para cuando llegase nuestro hijo. Así que nos comprometimos a que, cuando cumpliésemos los cincuenta años y el niño ya tuviese unos diez, recorrer mundo. Pero no sucedió ni una cosa ni la otra. Florencia se llama mi mujer.

El relato se alargaba, pero he de confesar que quería saber si la historia tenía un final feliz, porque hasta el momento, todo se les había torcido.

—Con tan solo cuarenta y nueve años —continuó— le diagnosticaron un cáncer, y esto nos hizo aprender una gran lección. En ese momento, nada más recibir la noticia, sentimos cómo la muerte nos desnudaba de todo lo que no éramos. Nos quitó de golpe las capas que habíamos ido creando para mostrarle a la sociedad la imagen que creíamos debíamos tener.

»En esta situación límite fue cuando nos dimos cuenta de no haber vivido, de que estábamos muertos antes de morir. Me llegué a cuestionar que la vida tras la muerte tal vez fuera más intensa que la que estamos viviendo. Como te digo, el sueño de los dos era recorrer juntos el mundo. Al principio no pudimos mientras ahorrábamos para tener nuestro hijo, y ahora es un sueño ya imposible de cumplir.

—¿Y que pasó? —le pregunté cada vez más intrigado.

—Dios se la llevó pronto.

—¿Te sientes solo? —quise saber.

—No. Ahora recorro el mundo imaginándome que ella está a mi lado y que por fin estamos cumpliendo nuestro sueño. Dios se llevó a Florencia y aprendí una lección que espero que no olvides, Luis.

La tragedia no es que la vida se acabe, sino que esperamos demasiado para comenzar a vivirla.

—Espero —insistió— que te lo grabes como uno más de los mandamientos que estás conociendo. El que debes memorizar hoy es aprende a relajarte.

Cuando Melquisedec concluía su relato, ya estábamos en la última escena del vía crucis.

—Recuerda lo que nos enseñó Jesús —me dijo como poniendo punto final— para tener la conciencia en paz.

> *Al igual que yo os he perdonado vuestras*
> *ofensas, vosotros debéis perdonar*
> *a los que os ofenden.*
> SAN MATEO

Durante el resto de visitas no pude pensar en otra cosa más que en el relato de Melquisedec. Y apliqué la enseñanza inmediatamente a mi vida.

Hasta entonces había estado esperando un mañana mejor, no permitiéndome disfrutar del instante. Siempre convencido de que algún tiempo futuro sería especial, siempre creyendo que llegaría un día donde podría deleitarme de las cosas que estaba creando y que el presente era tan solo una preparación para ese porvenir.

Me había pasado la vida planificando sin darme cuenta de que el futuro no existe, tan solo tenemos el momento actual. Para hacer realidad los proyectos que me había planteado había desatendido gran parte de mi vida personal. Había perdido a la mujer que me había estado acompañando los últimos años, había descuidado a mis amigos, y con total seguridad había debido perder a muchos de ellos por el camino. No les había dedicado las horas necesarias ni a mis padres ni a mi familia. Tan solo me quedaba esperar que mi hija Daniela hubiera sentido que había estado a su lado cuando lo había necesitado.

Prácticamente a mis treinta años no había podido disfrutar ni un solo día al cien por cien, porque siempre estaba pensando que era una preparación para un futuro mejor, un futuro que, como me acababa de describir Melquisedec, pudiera ser que no llegase nunca.

Durante la comida me venía a la cabeza una y otra vez una frase que me dijo y había dejado huella en mí.

La felicidad no consiste en conseguir lo que se quiere, sino en saber disfrutar de lo que se tiene, no soñando con el mañana, sino viviendo el hoy.

Ya por la tarde seguimos recorriendo los sitios que nos había prometido el padre Majadas. De nuevo volví a sentir algo muy especial en uno de aquellos lugares. Fue exactamente en la tumba de la Virgen, en la piedra donde Jesús solía predicar a los apóstoles.

Acabó el día y volvimos al hotel. Como era tradición ya en el viaje, no se levantaba nadie de la cena hasta escuchar el cuento del padre Majadas. Este trataba sobre la motivación.

Unas ranas iban por el bosque y de pronto dos de ellas cayeron en un agujero profundo. El resto del grupo se reunió alrededor para mirarlas desde arriba, y cuando vieron lo hondo que era el hoyo, les dijeron que podían darse por muertas, pues no había manera de ayudarlas a salir de allí. Sin embargo, las dos ranas no hicieron caso a los comentarios de las otras y saltaban con todas sus fuerzas para intentar salir. Mientras, las otras insistían en que sus esfuerzos serían inútiles.

Al final una de las ranas que había caído puso atención a lo que les decían las demás y se rindió. Luego perdió el conocimiento y al poco murió.

La otra siguió saltando tan fuerte como le era posible. Y las de arriba volvieron a chillarle y hacerle señas para que dejara de sufrir y no continuara luchando. Pero la rana saltó, y saltó y saltó hasta que logró salir del agujero.

Después de conseguirlo, las demás le dijeron que estaban felices de que lo hubiera conseguido a pesar de lo que le gritaban. Y la rana les explicó que era sorda, y que pensó que la estaban animando a esforzarse más para salir del aquella trampa.

El padre Majadas remató su relato explicando la moraleja de la historia.

—La palabra tiene poder de vida y poder de muerte. Una de aliento puede ayudar a levantar a alguien que está desanimado. Una destructiva puede acabar con alguien que se encuentre sin ánimos. Por eso hay que tener especial cuidado con lo que decimos. Una persona especial es la que se da tiempo para animar a otros. Os propongo que hagamos oídos sordos a las cosas negativas y nos pongamos como tarea hacer algo para que este tiempo que nos toca vivir sea mucho mejor para todos.

Me encantaba escuchar las historias, pero me gustaba todavía más que Daniela las aprendiese para que la ayudaran a tener una bonita enseñanza de la vida. Creo que aprendiendo estas cosas de joven no caerá en los errores que yo he cometido. En realidad puede que, aunque no cometa los mismos que yo, caerá en otros, porque es ley de vida. Tenemos que aprender de nuestras propias equivocaciones.

Y como cada noche, ya en la cama y antes de dormir y después de rezar, compartí con ella la frase del día.

**No vivir intensamente,
es morir precipitadamente.**

10

SÉPTIMO MANDAMIENTO. SÉ FELIZ

E se día dormimos en Nazaret. Pasamos por Emaús, por Jaffa a ver la iglesia de San Pedro, por los maravillosos jardines de El-Bahai en la ciudad de Haifa y en el monte Carmelo para visitar el monasterio de Stella Maris.

¡ALGO NUEVO QUE APRENDER!

Arrancaba un nuevo día. No sé si era el lugar, el viajar con mi hija, que es una de las cosas que más me gusta, los consejos de los panameños, las historias del padre Majadas o todo junto, pero cada mañana me levantaba con más ilusión y vitalidad, y con ganas de profundizar un poco más en las enseñanzas de la Biblia.

Encendí el ordenador y el tema del «¿Sabías que?» de ese día trataba de la dimensión de los barcos. El Génesis dice que Dios facilitó a Noé las medidas con mucho detalle para que construyera su embarcación: el arca debía tener exactamente 1,5 millones de metros cúbicos. Unos siglos después, en 1609, en la ciudad holandesa de Hoorn se construyó un barco con los mismos patrones y hasta el año 1900 todas las naves que surcaban los grandes mares se realizaban con estas mismas proporciones.

HACIA LA CUNA DE LA CRISTIANDAD

El día siete del viaje lo empecé como digo con ilusión. Me apetecía ir a Narazet. Pasaríamos la jornada visitando distintos lugares, pero para mí la llegada al pueblo donde había vivido Jesús era una de las paradas que más me atraía. Tampoco quería crearme grandes expectativas, porque ya sabemos que en la vida, cuando esperas mucho, recibes poco, y luego llega la decepción.

Siempre digo que una de las causas de la infelicidad del ser humano es la expectación. Esperar algo de los demás al final nos termina por defraudar.

**El éxito es conseguir lo que sueñas.
La felicidad es disfrutar de tus sueños.**

Algo similar como lo que sucede con las citas a ciegas. Cuando alguien te organiza una cena sorpresa con una mujer guapísima, y llega el momento esperado, da igual como sea ella, nunca es exactamente como te la habías imaginado, por lo que la primera reacción suele ser negativa. Es solo cuando abrimos nuestro corazón cuando empezamos a disfrutar de la persona que tenemos enfrente.

En esta ocasión la persona que se sentó a mi lado en el autobús fue una mujer joven en comparación con el resto del grupo de panameños. Nada más acomodarse se presentó.

—¡Hola!, mi nombre es Inés.

Viendo lo que había aprendido de los primeros compañeros de viaje, decidí ser más abierto y preguntarle por su vida. El trayecto a Nazaret fue largo.

En el camino hicimos varias paradas. Primero en Emaús. Aquí es donde la tradición sitúa la aparición de Jesús a dos de sus discípulos. Después Jaffa, cuyo nombre parece ser que se debe a uno de los hijos de Noé, Jafet, y aquí visitamos la iglesia de San Pedro. De vuelta al autobús pasamos por las afueras de Tel Aviv y pudimos divisar el *skyline* de la ciudad. Y después de la comida nos dirigimos a Haifa, donde nos recreamos con los maravillosos jardines de El-Bahai.

En cada parada, Inés me dejaba disfrutar con Daniela de la tranquilidad del lugar, de la espiritualidad y de las palabras del padre Majadas.

UN HELADO DE AFTER EIGHT

Después nos trasladamos al monte Carmelo para ver el monasterio de Stella Maris. Cuando empezamos la subida, el padre nos advirtió que el camino a la iglesia era largo y empinado, y que no podíamos dejar de probar los fantásticos helados de una heladería que estaba justo antes de comenzar el ascenso. Daniela se acercó a charlar con los panameños y me quedé solo. Inés permaneció a mi lado cuando arrancamos la subida.

—¿Me dejas que te invite a un helado? —le dije.

—¡Claro! Muchísimas gracias. Pídeme uno de menta con chocolate. Es mi favorito.

Debía haber expuestos unos cuarenta sabores distintos y me pareció sorprendente que pidiese justo el que yo quería para mí.

—¡Qué curioso, Inés! También es el mío.

Disfrutando de nuestros helados caminamos en silencio para saborear a fondo la menta y el chocolate, y no pronunciamos palabra hasta que dimos buena cuenta de ellos.

Calculo que Inés tendría unos cincuenta años, pero su jovialidad y agilidad al moverse le hacían parecer más joven. Irradiaba luz y una gran sonrisa.

—Inés, ¿te consideras una persona feliz? —le pregunté a bocajarro.

—¿Y tú? No te consideras feliz, ¿verdad? —me respondió ella con otra pregunta—. Estás aún en esa búsqueda engañosa en la que nos meten desde niños. Estoy segura de que has conseguido muchas de las cosas que soñabas de pequeño, pero todavía no te hacen sentirte feliz.

—En efecto, así es. ¿Cómo lo sabes?

—Porque eso es lo que la sociedad nos hace creer para poder controlarnos en masa —continuó—. Y para mantener esa situación es peligroso tener librepensadores caminando sueltos, gente feliz que huye de lo estándar y lo establecido.

—¿Qué quieres decir exactamente? ¿Puedes explicarme mejor a qué te refieres?

—Muy fácil. La sociedad de consumo nos enseña que la felicidad nos llegará consiguiendo cosas externas. Pero no es así. Está demostrado que la emoción de conseguirlas, químicamente, no puede persistir en el cerebro más de seis meses. Por ejemplo, si te compras el coche que tanto deseabas, te puedo asegurar que después de medio año ya no te producirá ninguna sensación de felicidad, te habrás acostumbrado a él y seguro ya estés mirando otro, el coche que se compró algún amigo que te gusta más o el nuevo modelo del mismo coche que ya tienes.

**Compararnos es lo que nos hace
dejar de disfrutar lo que tenemos.**

—Estoy convencida de que has vivido esa sensación más de una vez —afirmó con mucha seguridad.

—Así es.

—Pues es lo que le ocurre a la mayoría de la gente que sufre la famosa crisis de los cuarenta. Esa crisis no es más que la decepción de darse cuenta de que, aunque hayan conseguido la mayor parte de las cosas que se suponía eran necesarias para sentirse plenamente realizados, siempre parecerá que falta algo más. Reflexionarán sobre su vida y comprobarán que todavía no sienten esa felicidad que les habían prometido, por lo que empezarán a cuestionarse su pasado, su presente y sobre todo su futuro.

»Sobre su pasado se preguntarán si era eso realmente lo que querían haber hecho. Sobre su presente pensarán que si lo del pasado no les había hecho felices, por qué seguir haciendo lo mismo que hasta ahora. Pensarán también que sería mejor cambiar, pero a la vez les dará pavor hacerlo, pues creerán que a su edad quizás es demasiado tarde. Y sobre el futuro, claro, no estarán seguros de cómo afrontarlo, porque nadie les dice que lo que hagan de aquí en adelante les hará más felices.

—No lo has podido explicar mejor, Inés —la interrumpí sorprendido por su acierto al describir lo que pasaba por mi cabeza estos días—. ¿Y qué consejo puedes darme?

—Más que consejos —prosiguió— lo que puedo hacer es contarte cuál ha sido mi experiencia.

—Sí, por favor —le pedí.

—Llegué a la conclusión de que si lo que venía de fuera no podía darme la felicidad duradera, tendría que buscarla de otra manera.

Tú puedes controlar tu pensamiento.
Tu pensamiento controla tu comportamiento.
Tu comportamiento controla tus resultados.

—Y dejé de buscar y cambié el concepto por «aceptar» —continuó—. No puedes evitar que pasen cosas en la vida que tú no controlas, pero sí puedes elegir la actitud que tienes ante ellas. Empecé a pensar en las bendiciones que tenía. Y decidí disfrutar de lo que tenía en vez de sufrir por lo que me faltaba. Hoy por hoy no espero más de lo que tengo, agradezco cada día y si algo busco es única y exclusivamente llenar mi existencia de experiencias como esta, experiencias que enriquezcan mi alma. Sé que cuando me vaya me llevaré conmigo estas vivencias y no dejaré nada en esta tierra.

> *No acumules tesoros en la tierra donde las polillas acabarán con ellos, acumula tesoros en el cielo que es tu interior, tu corazón.*
> SAN MATEO

»Desde que hice este descubrimiento voy liberando mi mochila, pensando cada día en lo que me puedo quitar de encima para permitirme realizar viajes como este. Tu obligación personal, al igual que todos, es aprender a vivir y disfrutar de lo que tienes.

Cuando terminó de decir esto, Inés y yo llegábamos al monasterio. Y el padre Majadas nos reunió para narrarnos la historia del monte. De ella lo que más me llamó la atención fue la leyenda que cuenta que Pitágoras subió a su cima para conectar con el más allá.

Después de meditar durante un rato en el monasterio, me avisaron de que ya el grupo se había ido y que podía perder el autobús. No sé si Inés había bajado antes que yo o se había quedado atrás, cosa que dudo porque fui de los más rezagados. Y como volví solo pude ir pensando en sus palabras.

Antes de subirme en el autobús me detuve a comprar otro helado de menta con chocolate. De *after eight*.

En la heladería despachaba un nuevo tendero. No era el mismo que antes nos había servido; este era un italiano parlanchín muy dicharachero y alegre que hablaba a diestro y siniestro. Me sirvió mi helado, pagué y, cuando me disponía a salir por la puerta, se me acercó y me dijo:

—¡Eyyy, español Se deja su cambio —le di las gracias— y algo más. Esta carta que le ha dejado su compañera.

—¿Una carta para mí?

¿Quién me podría haber dejado una carta en una heladería?

—¡Ya sabes que las *bambinas* son muy detallistas! —me susurro al oído—. La mujer a la que antes invitaste a un helado querrá compensarte con alguna nota de agradecimiento.

En ese mismo momento abrí el sobre y leí: «Estás obligado a disfrutar de lo que tienes y agradecerlo cada día. Grábate esto como el séptimo mandamiento. Inés».

Me quedé pensativo y, antes de poder reaccionar, el parlanchín italiano ya estaba detrás del mostrador cantando sabores de helados como si le fuese la vida en ello.

Volví al autobús y me senté al lado de Daniela. Ella se puso los cascos y no habló en todo el viaje, lo que me permitió disfrutar del camino en silencio hasta Nazaret y contemplar otro maravilloso atardecer.

Esta puesta de sol tenía un color distinto. Me hizo sentirme conectado con Dios. He visto cientos en los cinco continentes y cada una de ellas me ha inspirado de una forma diferente. Los ocasos en Israel son especiales. El sol se esconde más lentamente que en otros lugares y puedes disfrutar más tiempo de esa maravillosa imagen. La sensación es como si el astro no quisiera irse y se quedara colgado estático en el horizonte durante muchos minutos para ir yéndose poco a poco mientras vela tus sueños. Siempre digo que jamás seré capaz de crear nada tan impresionante como un atardecer a pesar de dedicarme al teatro. Sin duda, el mayor productor de espectáculos es quien ha concebido este maravilloso milagro.

Me gusta recordar que la palabra «milagro» proviene de la raíz latina *mirari,* que significa mirar con admiración. Si miras lentamente un atardecer o un amanecer te darás cuenta de que, en efecto, Dios está detrás de cada uno.

Inés se levantó de su asiento y vino junto al mío al otro lado del pasillo.

—¿Estás bien? —me preguntó.

—Sí. Disfrutando del atardecer.

—Los atardeceres son una muestra de cómo el ser humano se acostumbra a cualquier cosa. Quiero decir que el cerebro se acostumbra hasta a las cosas más grandiosas. Es lo que se llama adaptación hedónica. Exactamente lo que te contaba subiendo al monasterio. El hecho de ver un atardecer demuestra lo espectacular que puede llegar a ser la creación, y la mayoría de las veces damos por sentado que está ahí sin apreciarlo, como si alguien estuviera obligado a regalárnoslo. Creemos que vamos a disfrutarlos toda la vida, que nunca nos van a faltar. Algo te puedo asegurar: algún día verás tu último atardecer, por lo que siempre debes ser agradecido y reconocer que puede que en ese mismo momento, en ese mismo instante, a lo mejor estás viendo tu último regalo de Dios. Tu último atardecer.

Es importante tener metas, pero más importante es tener agradecimientos inmediatos.

—Ser agradecido siempre te hará disfrutar y vivir cada instante como si fuese el último aprovechándolo al máximo. El agradecimiento es la expresión del disfrute de todo lo que hagas —sentenció.

Decía estas palabras Inés cuando llegamos al hotel de Nazaret. Era mucho más humilde que el de Belén. El padre Majadas nos insistió de nuevo en que fuésemos comprensivos con la calidad de los establecimientos porque era una manera de ayudar a los palestinos cristianos.

Después de dejar las maletas en nuestras habitaciones, bajamos a cenar. El bufé era tan sencillo como los cuartos.

Después de tomar una cena ligera, el padre nos contó la historia del fuego de ese día. El relato trataba sobre las rabietas de los niños y su título era «Veintitrés clavos».

Había una vez un pequeño con muy muy mal carácter al que su padre decidió regalarle una caja de clavos. Le dijo que cuando perdiera el control debía clavar uno en la puerta de su dormitorio. El niño dijo que así lo haría.

El primer día clavó veintitrés. Sin embargo, durante las semanas siguientes la cantidad empezó a reducirse porque descubrió que era más sencillo controlar su carácter que perder los estribos.

Al ver lo bien que se le estaba dando a su hijo dominar su genio, le pidió que cada día que fuera capaz de no perder los nervios, sacara un clavo. Y después de varias semanas el niño dijo a su padre que había sacado absolutamente todos.

Su padre lo elogió y le llevó de la mano hasta la puerta.

—Muy bien hecho, hijo —le felicitó—, pero mira los agujeros que has dejado; la puerta jamás volverá a ser la misma. Si clavas un cuchillo a un hombre y después lo sacas, da igual las veces que pidas perdón: la cicatriz quedará para siempre. Y si dices las cosas con rabia, la herida siempre continuará ahí. Porque una herida verbal es igual de dañina que una física.

Y con esta historia para reflexionar, Daniela y yo nos fuimos a dormir. Pero antes rezamos y compartí con ella la frase del día.

La diferencia entre la escuela y la vida es que en la primera aprendes una lección y después te ponen a prueba. Y en la segunda te ponen a prueba y luego aprendes la lección.

11

Octavo mandamiento. Ama

E se día visitamos Nazaret, el monte Tabor, la basílica de la Transfiguración, la fuente de la Virgen, la iglesia de San José y la basílica de la gruta de la Anunciación.

¡Algo nuevo que aprender!

Amanecí, como siempre, con las cortinas abiertas, tal y como a mí me gusta, para levantarme con el sol.

Aprender algo nuevo cada mañana me ayudaba a sentirme bien desde primera hora, así que comencé una vez más con mi rutina. Encendí el ordenador, abrí *Ac2ality* y leí el «¿Sabías que?» de ese día. Trataba sobre las corrientes de aire. Las Escrituras una vez más describieron estas leyes meteorológicas mucho antes de que lo hicieran los científicos. Concretamente fue en el libro de Eclesiastés, en el que se dice que el viento va hacia el sur y gira hacia el norte creando remolinos, y retorna de nuevo a sus circuitos. Y es cierto, porque el aire gira alrededor de la Tierra en grandes ciclos en el sentido del reloj en un hemisferio y en el sentido contrario en el otro.

LAS CALLES POR LAS QUE ANDUVO JESÚS

Desde la ventana de mi cuarto podía divisar la ladera de la montaña iluminada con las luces de las casas que se intercalaban con algunas verdes que coronaban las mezquitas. Fue una experiencia religiosa, como diría Enrique Iglesias. Más que religiosa, absolutamente espiritual.

La oscuridad y las cuestas impregnadas de luz me hacían imaginar lo que fueron las noches de Nazaret de hace dos mil años. Obviamente había que hacer un ejercicio mental para convertir ese Nazaret moderno en aquel en el que anduvo Jesús.

Desde la habitación se divisaba la iglesia en la que está la fuente de la Virgen, a la que ella iba a recoger agua cada día para llevarla a casa. Con mucha expectación salí al balcón para ver la ciudad con el sol de la mañana.

Se respiraba una energía especial. Puede que solo fuera porque mi mente me decía que era el sitio donde Jesucristo pasó su infancia, su adolescencia y madurez; fuese por lo que fuese, sentía que iba a ser un día muy intenso.

Estaba deseando salir y subirme al autobús después de desayunar con todos. En el comedor, el padre Majadas fue uno por uno dándonos los buenos días con esa maravillosa sonrisa de oreja a oreja que le caracterizaba.

—*Shalom* —nos iba diciendo de mesa en mesa.

Cuando se acercó a la mesa en la yo estaba, no pude evitar preguntarle cómo era posible que estuviera siempre tan alegre.

—El secreto es rodearse de personas que te hagan sonreír el corazón. Es entonces y solo entonces cuando estarás en el país de las maravillas.

Me encantó que para contestarme utilizara unas palabras de Lewis Carroll de *Alicia en el país de la maravillas*.

—¡Este y algunos más! Querido Luis, precisamente hoy te voy a contar más secretos, pero tienes que esperar a lo que vamos a ver durante el día.

No me quedaba otra que aguantar como dijo para descubrirlos.

Nada más arrancar nos dirigimos al monte Tabor. Tardamos bastante en llegar porque el autobús no podía subir por la estrecha carretera y tuvimos que repartirnos en pequeñas furgonetas por grupos.

Una vez todos reunidos frente a la entrada de la maravillosa iglesia que hay en el monte, el padre nos leyó lo que allí había acontecido.

Seis días después, Jesús tomó consigo a Pedro, a Santiago y a Juan, y los llevó aparte a un monte elevado para orar y se transfiguró ante ellos.

Sus vestiduras se volvieron resplandecientes y muy blancas. Y se les aparecieron Elías y Moisés, que conversaban con Jesús. Estos se presentaron rodeados de gloria y hablaban de la partida de Jesús, que iba a cumplir en Jerusalén.

Tomó Pedro la palabra y dijo a Jesús:

—Rabí, qué bien estamos aquí. Hagamos tres tiendas, una para ti, otra para Moisés y otra para Elías.

Mientras él decía esto, vino una nube que los cubrió.

—Este es mi Hijo el elegido, escuchadle —dijo una voz desde la nube.

El padre Majadas continuó leyéndonos la Biblia hasta el momento en que entramos en la iglesia para escuchar misa.

> *Allí donde se reúna más de un siervo en mi*
> *nombre estaré yo.*
> **SAN MATEO**

—Por eso es bueno ir a misa y a sitios sagrados —nos dijo cuando finalizó—. Se percibe una energía especial. En estos lugares siempre encontraréis a Jesús.

Después tuvimos tiempo para visitar los alrededores de la iglesia. Había un mirador desde el que teníamos una vista impresionante del norte de Israel. Mientras estábamos allí, nos sobrevolaron a muy pocos metros de altura varios aviones militares.

—Recemos por los que van a morir ahora. Son aviones israelíes que se dirigen a bombardear el país vecino —anunció el padre.

Me pareció tremendo. Y en efecto, al día siguiente, en las noticias, hablaron del bombardeo por parte de aviones israelíes que había causado varias muertes. Tal y como pidió el padre, recé por los caídos.

La voz fue la protagonista

Dejamos el monte atrás y nos fuimos a visitar la basílica de la Transfiguración. Y por la tarde, después de comer, a los dos sitios de Nazaret que a mí más me cautivaron. Están en el centro de la ciudad. Se podía respirar en cada uno de ellos la presencia de la familia de María y José.

La primera parada fue en la fuente donde la Virgen iba a por agua. Se encuentra en un piso subterráneo de una iglesia, en el centro de la ciudad. Y el agua seguía corriendo tal y como lo hacía en aquellos días.

Tras meditar un buen rato sentado en un banco de piedra, el padre Majadas me avisó de que todos se iban a una de las calles más importantes de Nazaret hasta la basílica de la gruta de la Anunciación.

Ese era el recorrido que la Virgen hacía con su cántaro cada día. Y ahora yo estaba repitiendo sus pasos. Podía imaginarme allí mismo a María paseando.

En la iglesia donde se encuentra la fuente se notaba su presencia, pero en esta basílica de la gruta de la Anunciación podías estar horas meditando porque te penetraba una maravillosa sensación. Posiblemente la energía más limpia y bonita que nunca había percibido antes en ningún otro sitio.

Como teníamos mucho tiempo antes de irnos a cenar, cerré los ojos para intentar pensar detenidamente sobre ello, y es entonces cuando viví otra de las situaciones más místicas del viaje. De repente, una de las panameñas del grupo se puso a entonar a capela el *Ave María*. Su voz resonaba en la basílica haciendo que su canto fuese precioso. Dejé que mi cuerpo disfrutase de semejante experiencia. Sé que fue un momento que me regalaron mis ángeles, como me gusta llamarlos.

Yo continué con los ojos cerrados después de que hubiera acabado, cuando una voz comenzó a susurrarme. Era una voz que reconocí desde el primer instante porque me daba tanta paz que no necesité mirar para saber quién me hablaba. Era el padre Majadas.

—Sigue meditando, hijo —me dijo—, y no abras los ojos. Me preguntabas esta mañana cómo era capaz de no borrar nunca la sonrisa de mi cara. Tan solo hay un secreto: amar. Ama el nuevo día que te encuentras. Levántate con la idea de saber que tu mayor propósito es amar. Imagínate a las personas que vas a ver ese día y ámalas. Después imagínate las cosas que vas a hacer durante el día y ámalas. Recuerda que hay un Creador, agradécele por crear tu maravillosa vida y dile que le amas. Haz siempre este ejercicio. Yo tengo un dogma, y es que debes amar la vida, después has de amarte a ti y, si te queda algo de amor, ama a alguna persona que esté a tu lado y te haga feliz.

—Padre, ¿y usted no echa de menos tener esa persona al lado para amarla? ¿No es difícil estar solo y vivir sin pareja? —le pregunté.

El padre me contestó esta vez con una frase de los Evangelios que ya me había dicho Melquisedec dos días antes.

Yo no estoy solo,
porque el Señor está conmigo
SAN JUAN

—¡Ya! Cierto. Esa frase me suena. Parece que todos ustedes están conectados —le contesté.

—Acuérdate de tu octavo mandamiento —me dijo antes de marcharse.

Ama la vida, ama todo lo que te rodea y a todos los que te acompañan y, sobre todo, ámate a ti.

El padre salió de la iglesia y me dejó pensando sobre el mandamiento que acababa de oír.

Sobre las siete de la tarde nos había citado para narrarnos un relato de la Biblia, pero la verdad es que yo estaba con la cabeza en otro sitio y solo recuerdo unas palabras que eran también de san Juan: «Yo he venido al mundo como luz y así, el que cree en mí, no quedará en tinieblas».

Al finalizar, el padre Majadas accedió a mi petición de ir andando al hotel, pues me apetecía recorrer con mi hija las calles de Nazaret.

—Luis —me dijo antes de que Daniela y yo nos marcháramos—, recuerda una cosa muy importante y reflexiona sobre esto en tu camino de vuelta:

**No renuncies a tus amigos, a tus gustos,
a tus sueños, a tu talento por amor.
El amor jamás resta, siempre suma.**

Qué precioso pasear por los puestos del mercado que todavía estaban abiertos y por las pastelerías árabes que tanto me gustan. Sus pasteles con miel son impresionantes. Daniela y yo nos comimos toda una caja juntos. La pasión por estos pasteles la heredé de mi padre, que es de Tánger, y adoramos las chuparquías, que son como pestiños, pero en Tánger los llaman así.

Se nos hizo bastante tarde y, aunque Nazaret respiraba seguridad, no debíamos olvidar que estábamos en tierra palestina y la presión de los judíos a todo lo que son terrenos cristianos es permanente, por lo que había que ser precavido.

Ya cerca del hotel descubrimos una panadería que estaba cociendo en ese mismo momento unas obleas de pan. Su olor te embaucaba de tal manera que no pudimos resistirnos a pedir unas. Por unas monedas que llevaba en el bolsillo nos vendieron una bolsa entera con diez.

Debíamos subir una gran colina hasta llegar al hotel, y para cuando llegamos habían caído todas las obleas calientes que habíamos comprado.

A esas horas los demás habían cenado ya, así que nos unimos directamente a escuchar la noticia del fuego de esa noche.

—Debemos amarnos tanto a nosotros mismos como para superar cualquier circunstancia externa —dijo el padre Majadas—. No importa la de ocasiones que nos digan que no. Hemos de poder subir los escalones necesarios hasta conseguir lo propuesto. Os traigo el relato de una de las personas que más veces fue rechazado para entrar en la universidad, y que hoy se ha convertido en uno de los empresarios más exitosos del mundo. Es la historia del archiconocido fundador de Alibaba, el chino Jack Ma.

Da igual las veces que te rechacen, siempre hay una puerta esperando abrirse para ti.

A Jack Ma le negaron diez veces su ingreso en la universidad de Harvard y otras tantas fue rechazado para un puesto de trabajo.

Suele contar una de sus experiencias. Confiesa que en una entrevista en concreto, para la que se presentaron veinticuatro personas en una empresa que necesitaba ocupar veintitrés vacantes, contrataron a todos menos a él.

—Imaginaos la sensación de rechazo que tuvo —señaló el padre—. Exactamente la misma que posiblemente hayáis sentido vosotros en alguna ocasión. Pero eso no le hizo parar y siguió intentándolo, porque sabemos que al final

Los que triunfan no son los que siempre vencen, sino los que nunca se dan por vencidos.

Es impresionante, pero un viaje que al principio no me apetecía nada, ahora lo estaba viviendo con la ilusión de un niño.

Nos despedimos hasta la mañana siguiente y subí las escaleras hasta mi habitación recordando el octavo mandamiento.

Ama bien. Ama la tierra, ama a la vida, ama a Jesús y, si te queda amor, ama a alguien que te haga la vida más feliz.

Ya en la cama, Daniela, nada más terminar de rezar, me dijo:

—Papi, hoy voy a ser yo la que te enseñe a ti una frase nueva. Se la he escuchado al padre Majadas.

> *La felicidad humana generalmente no se logra con grandes golpes de suerte que pueden ocurrir pocas veces, sino con pequeñas cosas que ocurren todos los días.*
> BENJAMIN FRANKLIN

—¡Preciosa, Daniela! Me encanta que cojas mi testigo y te guste memorizar citas para que algún día tú se las enseñes a tus hijos y así mantengas el ciclo de la vida.

Me dormí inmensamente feliz con la enseñanza que mi hija me había dado, y deseando que llegase el día siguiente.

12

NOVENO MANDAMIENTO. DEJA EL MUNDO MEJOR QUE CUANDO VINISTE

E se día visitamos el pueblo de Caná y la iglesia franciscana donde la gente renueva los votos de boda.

¡ALGO NUEVO QUE APRENDER!

Estaba encantado de que, justo durante el tiempo que duraba este viaje, mi periódico favorito dedicara varios artículos sobre sucesos de la Biblia. Parecía que todo se hubiera alineado para que fuese perfecto. Más tarde descubrí que, efectivamente, a medida que vas «despertando», todo a tu alrededor fluye como si el universo lo tuviera programado para ti. ¡Geniales casualidades!

Los milagros son el resultado de las cosas que previamente nos hemos atrevido a creer.

Después de esta reflexión, esa mañana decidí compartir también con Daniela el «¿Sabías que?». Notaba cómo ella se interesaba cada vez más por todo lo que rodeaba aquel viaje. Y me senté delante del ordenador con ella. Trataba sobre el peso del aire. Las Escrituras decían en el libro de Job que había «un peso del viento». Es decir, mucho antes de que los científicos reconocieran, allá por el siglo XVII, que el aire pesaba, la Biblia ya lo predijo, de la misma forma que lo había hecho antes con el peso del agua.

También se hablaba del hecho de que la gran cantidad de agua que cubría la superficie terrestre hacía que los efectos del sol y la gravedad de la luna estuvieran equilibrados perfectamente.

CANÁ, DONDE SE PRODUJO EL PRIMER MILAGRO

Cada día dormía menos porque me acostaba tarde intentando aprovechar las experiencias que esta tierra tan especial me estaba dando. También me iba a la cama con la excitación de levantarme para ver qué me deparaba el nuevo día.

En el desayuno, el padre Majadas nos explicó que visitaríamos el famoso pueblo de Caná. Viajamos en autobús descubriendo las preciosas vistas de esta zona de Israel. Sin lugar a dudas es una tierra bendecida. Las verdes tonalidades de los campos que rodean la carretera hasta llegar a nuestro destino son impresionantes. Es tan bonito el paisaje que dan ganas de no llegar jamás.

Tras casi una hora de viaje, entrábamos en Caná. Allí escuchamos misa. Daniela y yo decidimos sentarnos en el último banco. El padre Majadas se acercó a nosotros.

—Cuando seáis invitados a una boda —nos dijo—, no toméis el lugar de honor, no sea que haya otros asistentes más distinguidos que vosotros, a no ser que el que os invitara os pida que os sentéis más adelante. Entonces seréis honrados ante todos y no insultados.

Porque todo el que se exalta será humillado, y el que se humilla será exaltado.
San Lucas

—Así que, Daniela y Luis —prosiguió—, veníos conmigo al altar para ayudarme en la misa porque los últimos hoy serán los primeros.

Todos los del grupo que desearon confirmar sus votos de matrimonio lo pudieron hacer. Disfrutamos desde un lugar privilegiado tan bonita ceremonia. Los que cumplían muchos años de casados, repitieron las mismas palabras que se dijeron el día de su boda. Fue una manifestación de amor emotiva de unos a otros.

Después, el padre Majadas nos narró los relatos que allí mismo sucedieron, «según cuenta la tradición», como a él le gustaba puntualizar cada vez que contaba un pasaje bíblico.

En el lugar que estábamos, en aquellas ruinas, fue donde tuvo lugar el primer milagro referido por los evangelistas en el Nuevo Testamento. Entre estas piedras fue donde la Virgen le pidió a Jesús que convirtiese el agua en vino.

El padre Majadas cogió su libro y nos leyó el pasaje del Evangelio según san Juan que describía este hecho.

Se celebraba una boda en Caná de Galilea, próximo a Nazaret, y estaba allí la madre de Jesús. También él fue invitado junto con sus discípulos.

Cuando el vino faltó, la Virgen le dijo a su hijo:

—No tienen vino.

—Mujer, ¿qué nos va a mí y a ti? Todavía no ha llegado mi hora —le respondió Jesús.

Y la madre pidió a los sirvientes que hicieran lo que él les dijera.

Allí había seis tinajas de piedra de unos cien litros, cada una puestas para el rito de la purificación de los judíos.

—Llenad las tinajas de agua —les pidió Jesús.

Y las llenaron hasta arriba.

—Sacadlo ahora y llevadlo al maestresala.

Ellos se lo llevaron.

Cuando el maestresala probó el agua convertida en vino, como ignoraba de dónde venía, llamó al esposo y le dijo:

—Todo hombre sirve primero el buen vino y, cuando ya todos están bebidos, el inferior. Mas tú has guardado el bueno para el final.

Así, en Caná de Galilea, dio Jesús comienzo a sus milagros y los discípulos creyeron en él.

Terminó de leer el padre Majadas y continuamos con nuestra visita.

Ahora, y gracias a este viaje, cuando me preguntan si soy creyente, siempre contesto lo mismo:

—No soy creyente, yo soy *cerciante*.

«Cerciante» es una palabra que me he inventado. Quiere decir que tengo más que creencia, tengo la certeza absoluta de que hay algo más. Da igual la forma que le des, la creencia, la imagen o los símbolos a los que veneres, la realidad es que existe algo más por encima de nosotros. Y ese algo es lo que la mayoría de las religiones llama el Creador.

LA GENTE TE QUERRÁ POR EL AMOR QUE TÚ LE DES

A continuación de la misa asistimos en Caná a un banquete que simulaba la celebración de la boda aquel día. Eso nos ayudaba a visualizar de alguna manera cómo pudo suceder este episodio.

A mi lado se sentó una pareja mayor que acababa de cumplir cincuenta años de casados y que habían renovado sus votos. Eran del grupo de los panameños.

—Hola, Luis. Nosotros no te conocemos todavía, aunque te hemos visto hablar con varios compañeros durante el viaje. Somos Emilia y Norberto.

Y, después de la presentación, me hicieron la pregunta obligada en ese lugar.

—¿Estás casado?

—Bueno, mi historia es un poco larga de explicar, pero si queréis os la cuento.

—¡Adelante! —me pidió Emilia.

—He estado con tres maravillosas mujeres y a todas las he perdido por la misma razón. Dicen que el hombre es el único animal que tropieza dos veces en la misma piedra; en mi caso han sido tres, y espero haber aprendido la lección para que no me ocurra una cuarta. En mi obsesión por conseguir ser alguien importante en la vida me centré en mi trabajo y las descuidé.

»Persiguiendo mi propósito perdí a mi primera mujer, Alicia, la madre de mi hija. La perdí, pero me dejó un maravilloso regalo de por vida, que es Daniela. Nunca he sabido compaginar el trabajo con mi faceta personal y, cuando he tenido que escoger, sin lugar a dudas siempre he puesto en primer lugar mi ocupación. Obviamente, del mismo modo, cuando ellas tuvieron que escoger entre yo y otra vida donde se sintiesen más atendidas, eligieron la otra. Lo que cualquier persona con criterio y dignidad hubiese hecho.

»Como digo, siempre demostré tener más amor al trabajo que a nuestra vida juntos, y, como el universo es sabio, aquello en lo que te centras se expande y deja que se vaya aquello de lo que tú te olvidas. La empresa cada vez iba mejor y crecía más. Crecía a la misma velocidad que mi matrimonio se derrumbada. Luego tuve una segunda mujer.

—¿Te volviste a casar? —me preguntó Emilia.

—Realmente no. Yo las llamo a las tres mis mujeres, pero solo me casé con Alicia, la primera. Llamo mis mujeres a las personas que han compartido mi vida y han dejado huella en mí.

»La segunda persona que estuvo conmigo se llama Miriam. A ella le dediqué el doble de tiempo que a la primera, pensando que sería suficiente. De hecho, siempre creí que si a Alicia le hubiese dedicado el mismo tiempo que a Miriam, hubiésemos sido felices. Me quedará siempre la duda. Creo que, en parte, cuanto más das, más te demandan, y el tiempo que pasé con ella no fue suficiente para mantener la segunda relación.

—¿Y la tercera? —quiso saber Norberto.

—Pues a la tercera le dediqué el doble de tiempo que a la segunda y el cuádruple que a la primera, pero también fue insuficiente porque en los tres casos todas sintieron que yo estaba más casado con el trabajo que con ellas.

A continuación Emilia y Norberto me enseñarían una gran lección que nunca he olvidado.

—Luis, nosotros obviamente también tuvimos nuestros más y nuestros menos, pero siempre tuvimos un objetivo común y eso ha sido lo que nos ha mantenido unidos de por vida.

—¿Cuál ha sido ese objetivo? —sentí curiosidad.

—Desde que nos casamos nos pusimos una única obligación: el compromiso de dejar este mundo mucho mejor que al que llegamos. Ese ha sido nuestro mantra, la piedra angular de nuestras vidas y nuestra relación. Nos pusimos eso como meta. Desde entonces nos hemos dado más a los demás. Hemos pensado más en los otros que lo que nos hemos ocupado de nosotros mismos.

—¿Cómo lo hicisteis? —pregunté.

—Creamos una fundación cuyo objetivo era abrir restaurantes en los que pudieran trabajar chicos de la calle para darles la oportunidad de tener una vida digna y decente. Queríamos ofrecerles una familia tan preciosa como la que nosotros teníamos. Proporcionarles un hogar era el mayor de nuestros deseos. Esos restaurantes los tenemos en Panamá y, desde que empezamos con ese cometido, hemos conseguido mejorar la vida de doscientos jóvenes. Seguramente podríamos haber hecho más, pero si este fuese nuestro último día y nos preguntáramos si habíamos dejado este mundo mejor que cuando vinimos, la respuesta sería absolutamente sí.

»A veces nos dicen que mejorar la vida de doscientos jóvenes no es nada comparado con la de millones de chicos que hay por el planeta en la misma situación. Cuando escuchamos esto nos acordamos de la historia de las estrellas de mar encontradas en la playa.

—¿Cuál es esta historia? —pregunté.

Y Emilia empezó el relato.

Una mañana en la playa de la Concha de San Sebastián sucedió un fenómeno muy extraño. Bajó tanto la marea que se podía ver la arena llena de estrellas de mar. Miles, mejor dicho, millones, y todas estaban secándose al sol y muriéndose.

Una anciana que paseaba por allí iba recogiendo una por una y tirándolas al agua.

Una niña que la vio se le acercó.

—¿Para qué arroja las estrellas de mar al agua? —preguntó—. Hay tantas que no va a ser capaz de salvar a todas.

—Tienes toda la razón —le contestó—, jamás podré salvar a todas, pero pregúntales a aquellas a las que he devuelto al mar si les ha merecido la pena la ayuda de esta humilde anciana.

—Así somos nosotros —prosiguió Emilia—. Posiblemente no podamos salvar a todos, pero pregúntales a aquellos doscientos chicos a los que dimos un futuro si les mereció la pena conocernos.

Al acabar de comer y, con los estómagos llenos, volvimos al autobús. Tuve la suerte de ver otro maravilloso atardecer de Israel a medida que íbamos aproximándonos de nuevo a Nazaret.

Cuando llegamos a nuestro hotel, y por las horas que eran, nos dirigimos todos al comedor para cenar. Emilia se me acercó y me susurró:

—Recuerda cuál es tu noveno mandamiento: deja este mundo mejor que el mundo al que viniste.

Se fue a su mesa y yo a la mía, y Norberto y el padre Majadas vinieron y se sentaron donde yo estaba.

—Dicen que no se deben dar consejos si no te los piden —dijo Norberto—, pero ¿quieres que te cuente una fábula que puede que te aclare por qué no consigues retener a las mujeres que quieres en tu vida?

—Me encantaría. Un consejo de un experto como tú en mantener vivo un matrimonio me vendrá de maravilla —le contesté.

—Las relaciones de pareja hay que cuidarlas tanto o más que a uno mismo, entendiendo que este tipo de relación se compone de dos individuos que no pueden perder nunca su identidad, y entender que la pareja es precisamente eso, dos personas con distintas entidades que han decidido caminar juntos.

De pronto el padre Majadas se levantó como si le hubiesen puesto un resorte y, dirigiéndose a todos, dijo:

—Ya sabéis que las historias que os cuento surgen de inspiraciones que me vienen a lo largo del día. Estaba escuchando la conversación que Norberto y Luis tenían sobre las relaciones de pareja y me ha venido a la memoria una que quiero compartir esta noche con vosotros. Norberto le comentaba a Luis cómo había sido su relación con Emilia durante todo su matrimonio. A todos aquellos que camináis en esta vida de la mano de un compañero o compañera tenéis que recordar que en ese caminar juntos no podéis caer en el error del viajero inglés que miraba pero no veía. Os voy a contar el relato. ¡Espero que os guste!

Un inglés se fue de viaje a Nepal porque le dijeron que era uno de los países con los mejores paisajes del mundo. Al llegar, le llevaron a un precioso hotel junto al Everest. Era justo la hora de dormir.

A la mañana siguiente bajó a recepción enojado para quejarse de que le hubieran dado una habitación sin vistas. El director le dijo que cómo era posible, que él mismo había dicho al botones que le acompañara a la mejor que tenía el hotel.

El viajero contestó que entonces debían haberse equivocado, pues desde la ventana solo se podía ver una gran montaña que le tapaba el paisaje.

—Este cuento demuestra que, aun teniendo una de las montañas más bonitas del mundo delante, si no sabes mirar, todo parecerá insuficiente. Así siempre debéis mirar a vuestras parejas. No busquéis las vistas que pueda haber detrás en otras personas, reconoced y valorad que vuestra pareja es el maravilloso Everest que Dios ha puesto en la ventana de vuestros ojos para que la disfrutéis cada día —concluyó.

Después de la cena nos fuimos cada uno a nuestro dormitorio. Esa noche nos acostamos muy pronto por el madrugón que nos esperaba al día siguiente. Ya a punto de dormirnos, Daniela me volvió a sorprender.

—Papi, le hablé al padre Majadas de nuestra costumbre de contarnos cada noche una frase que hubiéramos escuchado durante la jornada, y me ha narrado una historia preciosa que me ha dicho que te gustaría. Así que hoy de nuevo quiero ser yo quien comparta contigo el aprendizaje del día.

Cierto día preguntaron a Al-Juarismi, el gran matemático persa, sobre el valor del ser humano, y este contestó:

—Si la persona tiene ética, entonces su valor será igual a uno (1). Si encima es inteligente, su valor será diez. Le habrás agregado un cero (10). Si también es rico, su valor será cien. Le habrás sumado otro cero más (100). Si, además, es una persona bella, su valor será mil. Le habrás sumado otro cero (1000). Pero si pierde el uno (1), que corresponde a la ética, perderá todo su valor, pues tan solo le quedarán los ceros.

Sin valores éticos ni principios sólidos lo único que queda son delincuentes, corruptos y personas que no valen nada.

—Daniela, ¡me encanta! ¿Sabes qué? No quiero que hoy te vayas a la cama sin que yo te diga mi aprendizaje del día.

—¿Y cuál es? —me preguntó ella.

—Más que un aprendizaje es un recordatorio —contesté—. Me has vuelto a recordar que eres la mejor hija del mundo mundial.

—¡Gracias, papi!

—¡Gracias, Daniela!

Y los dos nos quedamos dormidos.

13
Décimo mandamiento. Sueña

E se día visitamos el mar de Galilea, el monte de las Bienaventuranzas y la iglesia de la multiplicación de los panes y los peces.

¡Algo nuevo que aprender!

Me levanté con las mismas ganas y la misma ilusión que los últimos días. El artículo del «¿Sabías que?» de esa mañana trataba sobre la rotación de la Tierra. Daniela se sentó en la única butaca que había en la habitación para escucharlo, y me puse a leerlo en voz alta como hacía el padre Majadas.

Durante siglos los científicos creyeron que nuestro planeta era el centro del universo. Pensaban que las diferencias entre la noche y el día se debían a que el sol giraba alrededor de él. Hoy sabemos que el efecto del día y la noche corresponde a la rotación de la Tierra sobre sí misma. Ya hace más de cuatro mil años las escrituras decían

> *Esta (refiriéndose a la Tierra)*
> *gira como la arcilla al torno.*
>
> Job

Siempre he pensado que la numerología tiene mucha fuerza. El universo tiene una forma de funcionar que hace que todo se coordine y se entrelace por elipses que se repiten una y otra vez. Comenzábamos el día diez del viaje. Me encanta pensar que los días diez de cada mes van a ser perfectos. Y porque lo creo, sucede. Tal y como pasa con todo en la vida.

Esa jornada era otra de las más esperadas del viaje y sería precisamente el día diez por Israel. Visitaríamos el mar de Galilea. Bueno, realmente es un lago llamado Genesaret.

El padre Majadas, nada más arrancar el autobús, comenzó con sus clásicos cánticos de alegrías de cada mañana. Después cogió el micrófono y nos explicó que antes de ir al mar de Galilea, visitaríamos el monte de las Bienaventuranzas, en el que Jesucristo compartió con sus discípulos las Bienaventuranzas.

—Hermanos —dijo abriendo su libro—. Hoy iremos a otro lugar emblemático en la vida de Jesús. Aquí reunió a sus apóstoles.

Y empezó a leer.

Cuando Jesús oyó que Juan Bautista estaba preso, volvió a Galilea para que se cumpliese lo dicho por el profeta Isaías. Desde entonces comenzó Jesús a predicar.

—Arrepentíos, porque el reino de los cielos se ha acercado.

Andando Jesús junto al mar de Galilea vio a dos hermanos, Pedro y Andrés, que echaban la red en el mar, porque eran pescadores.

—Venid conmigo y os haré pescadores de hombres —les dijo.

Ellos dejaron al instante las redes y le siguieron.

Vio a otros dos hermanos, Jacobo y Juan, en la barca con Zebedeo, su padre, que remendaban sus redes y los llamó. Y ellos, dejando la barca y a su padre, le siguieron.

Recorrió Jesús Galilea enseñando en las sinagogas, predicando el evangelio y sanando a los enfermos. Se difundió su fama por Siria y le trajeron a los que tenían dolencias, y los sanó. Le siguió mucha gente de Galilea, de Decápolis, de Jerusalén, de Judea y del otro lado del Jordán.

Una multitud seguía a Jesús. Al verla, él subió a un monte y se sentó. Sus discípulos se le acercaron y él tomó la palabra y les enseñaba diciendo...

BIENAVENTURADOS SEAMOS

Aquí el padre hizo una pausa y miró por la ventana.

—Como estamos casi llegando, solo os voy a leer mis tres bienaventuranzas preferidas. Bienaventurados los limpios de corazón, porque ellos verán a Dios. Bienaventurados los que trabajan por la paz, porque ellos serán llamados hijos de Dios. Y bienaventurados seréis cuando os digan toda clase de mal contra vosotros por mi causa.

> *Alegraos y regocijaos, porque vuestra*
> *recompensa será grande en los cielos, pues de*
> *la misma manera persiguieron a los profetas*
> *anteriores a vosotros,*
> SAN MATEO

Hoy este monte se ha convertido en un lugar precioso y muy bien cuidado por monjes franciscanos. Si no fuese por ellos, los símbolos de Cristo en Israel habrían desaparecido o no estarían expuestos para que los cristianos pudiésemos visitarlos.

Cuando vayas a Israel podrás apreciar el grandísimo trabajo que han hecho estos monjes por mantener viva la historia de Jesús. Gracias a su trabajo y empeño miles de personas, seguidores y no seguidores de Cristo, podemos acercarnos a los lugares de la Biblia y encontrar parajes tan preciosos como este monte de las Bienaventuranzas.

A diferencia de la mala impresión que me llevé el primer día al visitar el campo donde el ángel anunció a los pastores que Jesús había nacido, tengo que decir que este sitio es una absoluta maravilla. Aquí celebramos posiblemente una de las misas más bonitas que he escuchado en mi vida. La dio el padre Majadas bajo unos árboles con la vista del mar de Galilea al fondo.

Cerré los ojos. Durante la eucaristía sentía el aroma, el viento, el olor que pudo haber percibido Jesús mientras hablaba a sus discípulos en este mismo sitio.

Acabada la misa, nos dejaron tiempo para meditar y poder pasear por el monte. No obstante, aunque hubiésemos tenido todo el tiempo del mundo para disfrutar de ese lugar, se nos hubiera hecho corto. Tal y como el padre Majadas dijo al principio del viaje, algunas de las localizaciones que visitaríamos serían especiales. Sin lugar a duda esta era una de ellas.

Es verdad que no sentí la misma emoción y provocación que en la piedra de la Ascensión, pero tan solo ese momento en el monte de las Bienaventuranzas hizo que mereciera la pena el viaje.

Cuando llevábamos un buen rato disfrutando del lugar, el padre Majadas nos indicó que subiésemos al autobús, puesto que íbamos a ir a un sitio tan importante o más que este.

Ya en ruta nos adelantó que íbamos a la iglesia que se había levantado en la roca donde en su día Jesucristo multiplicó los panes y los peces.

Llegamos, bajamos todos y nos encaminamos a la iglesia. Y aquí el padre nos contó la historia de los Evangelios que narra cómo los casi cinco mil hombres que había en aquellos parajes no tenían qué comer. Cogió su libro y empezó a leer sobre el milagro.

Jesús vino junto al mar de Galilea, y, subiendo al monte, se sentó allí. Y se le acercó mucha gente que traía a cojos, ciegos, mudos, mancos y otros muchos enfermos; y los pusieron a los pies de Jesús, y los sanó.

La multitud se maravillaba, viendo a los mudos hablar, a los mancos sanados, a los cojos andar y a los ciegos ver, y glorificaban al Dios de Israel.

Y Jesús, llamando a sus discípulos, dijo:

—Tengo compasión de la gente, porque ya hace tres días que están conmigo y no tienen qué comer.

—¿De dónde sacamos nosotros tantos panes en el desierto para saciar a una multitud tan grande? —le dijeron los discípulos.

—¿Cuántos panes tenéis? —les preguntó Jesús.

—Siete y unos pocos pececillos —respondieron estos.

Entonces mandó a la multitud que se recostase en la tierra, y tomando los panes y los peces, dio gracias, los partió y los dio a sus discípulos, y los discípulos a la multitud.

Comieron todos, y se saciaron; y recogieron lo que sobró de los pedazos, y llenaron siete canastas.

Finalizada la lectura, el padre Majadas nos animó a ir a la pequeña playa que hay junto a dicha roca. Y yo me descalcé porque quería sentir el frescor del agua del mar de Galilea en mis pies. La sensación fue absolutamente maravillosa. Si cerraba los ojos era capaz de imaginarme a Jesús haciendo su milagro. Y así estaba cuando escuché a mi derecha la voz de una mujer. Supe que era del grupo por su acento suave.

—Hola, Luis. No abras los ojos.

Así lo hice. A esas alturas del viaje no solo me hacían ilusión estos encuentros, sino que los esperaba. Formaban parte ya de la experiencia.

—Me llamo Teresa —se presentó—. Y quiero pedirte que no dejes de soñar. Sueña. Sueña todo lo que puedas. Sueña mientras duermas, pero sobre todo sueña despierto.

**Los sueños son la manera que tiene Dios
de mostrarnos sus planes.**

—En esta vida debemos soñar con las cosas que podemos hacer y, además, tener fe —continuó—. Ten mucha porque, al igual que Jesús pudo multiplicar los panes en miles, tú podrás conseguir lo que te propongas solo teniendo confianza.

> *Si permanecéis en mí y mis palabras
> permanecen en vosotros, pedid lo que queráis
> y se os concederá.*
> SAN JUAN

¿Sería cierto? ¿Es que acaso no había tenido suficiente confianza y fe cuando las cosas me habían empezado a ir mal?

—Recuerda que puedes lograr lo que quieres y que el único impedimento eres tú mismo. Si tienes fe en Dios, si tienes fe en Jesús, tendrás la fuerza, el talento y la capacidad necesaria para conseguirlo. Cuando sientas que estás cayendo en un abismo, cuando sientas que la vida tira de ti hacia abajo, no te preocupes, porque siempre habrá una red que te recoja.

**Saca tus miedos de dentro de ti
para dejar hueco y llenarlo de tus sueños.**

Teresa terminó diciendo que incluso en mis peores momentos siempre habría una voz que me tranquilizaría y me confirmaría que estaba a mi lado.

Dios destruye tus planes cuando tus planes están a punto de destruirte a ti.

Abrí los ojos con ganas de conocer a Teresa, pero sucedió lo mismo que en la casa de Lázaro en Betania. A mi alrededor no había absolutamente nadie. Volví a cerrarlos por si podía escuchar de nuevo tan serena voz que parecía venir del cielo, sin embargo, esta vez nadie me habló.

Después de estar un buen rato disfrutando del mar de Galilea, me dirigí hacia la iglesia. Allí se encontraba la piedra donde se produjo el milagro de la multiplicación de los panes y los peces. Tuve la suerte de que no hubiese nadie, así que me pude arrodillar y poner las manos sobre la roca para sentir la energía que transmiten siempre los minerales.

Al cabo de unos minutos salí de nuevo a disfrutar de las vistas y, en ese momento, acabando ya el día, el cielo se tiñó completamente de rosa como si fuese un manto que nos quisiera proteger. Impresionante.

El padre Majadas nos indicó que volvíamos al hotel. Estaba bastante cansado y no puedo recordar si fui durmiendo o despierto en el autobús, pero sé que la voz de Teresa que había escuchado antes me susurró al oído unas palabras:

—Recuerda tu décimo mandamiento. Sueña en grande. Sueña abundantemente. Sueña todo lo que puedas y recuerda que la mejor manera de soñar es despierto.

Como dijo en cierta ocasión el maestro Benedetti, en tan solo cinco minutos se puede soñar toda una vida. Así de relativo es el tiempo.

Compartir los aprendizajes con los demás

Después de la cena llegó de nuevo uno de mis momentos favoritos. Ya estaba preparado el padre Majadas para contarnos su historia del fuego.

—Hermanos —dijo—, hoy os voy a relatar un cuento del gran Jorge Bucay. Tuve la enorme suerte de conocerle en una de sus visitas a España. Tras un encuentro literario, nos quedamos unos cuantos para ir a un restaurante argentino que a él le gusta mucho en Madrid. En la sobremesa nos narró a todos la siguiente historia, que tal y como él nos describió fue escuchada, adaptada, transformada y contada a su antojo para poder transmitir el mensaje que él quería. Se llama «El rey y el mago».

Había una vez un rey al que no le satisfacía solo tener el poder, también necesitaba que lo admirasen. Para ello contaba con sus cortesanos y sirvientes, sin embargo, cuando preguntaba si era él el más poderoso del reino, todos le daban la misma respuesta:

—Majestad, usted es muy poderoso, pero el mago del reino es el que más poder tiene porque conoce el futuro.

El hombre era muy querido y admirado por el pueblo, pues, además de bueno, era generoso con todos. Justo lo contrario que el monarca.

Un día, celoso de lo que decían del mago, el soberano envidioso urdió un plan. Organizaría una fiesta para dejarle en ridículo delante de todos. Le preguntaría si era cierto que sabía leer el futuro. El mago tendría dos opciones: decir sí o decir no. Como el rey estaba convencido de que escogería la primera, le pediría que le dijera el día en que iba a morir el mago. Entonces, al darle la fecha exacta, daba igual cuál fuera, él sacaría su espada y le mataría. Así conseguiría dos cosas al mismo tiempo: deshacerse de su enemigo y demostrar que se había equivocado porque no habría adivinado el día de su muerte.

Cuando llegó el día del festejo y terminada la cena, su majestad pidió al mago que se acercara y le hizo la pregunta que tenía prevista. Sin embargo, su invitado no contestó.

—¿Qué sucede? ¿Es que no puedes leer el futuro? —le preguntó.

—Sí que puedo—respondió el mago—, pero no sé si decírtelo.

El soberano se molestó con la respuesta y le ordenó que se lo dijera.

—No puedo precisar la fecha exacta, pero sé que pereceré justo un día antes que el rey.

Un murmullo recorrió el salón y, a pesar de que el rey había dicho no creer en el mago, no quiso asesinarle por si acaso era verdad su augurio.

Después de comprobar que su odio había sido su peor consejero, se sintió indispuesto y se marchó a su cuarto, no sin antes dar las gracias al mago por haber asistido a la cena. Este, con su astucia, había dado la respuesta adecuada para evitar su muerte.

El monarca en sus habitaciones no dejaba de pensar si la predicción sería cierta, por lo que decidió volver al comedor y pedir al mago que esa noche durmiera en palacio, pues deseaba a la mañana siguiente consultarle algunas cosas.

El invitado le dio las gracias, haciéndole una gran reverencia, y el rey ordenó a la guardia que le acompañaran hasta los dormitorios de huéspedes del palacio y que custodiasen su puerta.

El soberano pasó la noche intranquilo por si al mago le sucedía algo, por lo que muy temprano por la mañana fue a visitarlo con la excusa de pedir asesoramiento sobre un tema, cosa que hasta el momento jamás había hecho. El invitado le dio una respuesta justa y creativa sobre dicha cuestión, y el rey le pidió que se quedara un día más para, supuestamente, tratar más asuntos. Aunque en realidad lo que pretendía era que no le pasara nada.

Desde ese momento el mago respondía a diario a los temas que el rey le consultaba y el monarca, satisfecho con sus respuestas, le tenía en cuenta en cada decisión. Y así fueron pasando los años y así también el rey se fue volviendo más justo. Había dejado de ser el autoritario de antaño y comprendió que la humildad era una ventaja, y así fue como poco a poco, con los consejos del mago, el pueblo le empezó a querer y él y su invitado llegaron a ser excelentes amigos.

Pasados cuatro años, el monarca deseaba sincerarse por la trampa que le intentó poner aquella noche que pensó en asesinarle, y después de tener el coraje suficiente, fue a sus aposentos a sincerarse con el que ahora ya consideraba su hermano.

Así lo hizo, y ante él se arrepintió de su infamia y le pidió perdón.

—Estoy feliz con lo que me has dicho —declaró el mago—, a pesar de haber tardado tanto en admitirlo. He de confesarte que sabía de tu intención al verte agarrar con la mano tu espada. No era necesario ser adivino. Y por tu sinceridad, admito que yo también te mentí con lo que tú fallecerías un día después que yo para darte una lección. Morirás justo el día que te toque. Y nada tendrá que ver con mi partida.

Ambos se abrazaron y brindaron por su amistad y su confianza.

Pero esa misma noche, el mago, que ya estaba mayor, murió mientras dormía. El rey al enterarse se sintió desolado por su pérdida, no ya por su propia muerte. Le había dado tiempo a liberarse de sus antiguos temores ante él.

El monarca fue al jardín y con sus manos cavó una tumba bajo su ventana para su amigo. Le enterraron y estuvo todo el día al lado de la tierra llorando su pérdida.

Casualidad o no, esa misma noche, tal vez de dolor, el rey falleció también mientras dormía.

Nos quedamos un rato en el bar tomando un chocolate caliente, recapacitando sobre este maravilloso cuento, y al terminar nos fuimos a la cama. Rezamos y compartí con Daniela la frase del día.

En los momentos duros parece que Dios nos ha olvidado, pero debemos recordar que el maestro siempre está en silencio, observándonos de cerca durante el examen.

14

UNDÉCIMO MANDAMIENTO.
SÉ AUTOSUFICIENTE

Ese día visitamos Cafarnaúm, dimos un paseo en barco por el lago y comimos en el restaurante que hay junto a él para disfrutar el pescado de San Pedro.

¡ALGO NUEVO QUE APRENDER!

Era mi penúltimo día y esa mañana el «¿Sabías que?» trataba sobre la correlación entre la mente y el cuerpo. Daniela y yo nos pusimos a mirar el artículo.

La medicina ha terminado por entender que hay una gran relación entre el poder mental y el físico para la salud. Sin embargo, la Biblia ya lo reveló en varios escritos allá por el año 950 antes de Cristo. Se puede leer, por ejemplo, que un corazón sano es la vida del cuerpo, mientras que la envidia es el pudrimiento de los huesos. O que la luz en los ojos rejuvenece el corazón y unas buenas palabras hacen los huesos sanos. O que las palabras agradables son como un panal de miel, dulce para el alma y sano para los huesos.

*Un corazón alegre es la mejor medicina, un
espíritu roto te secará los huesos.*
PROVERBIOS

EL HOGAR DE SAN PEDRO

Me parecía mentira que hubiéramos llegado ya al día once de esta aventura y que tan solo me quedaran dos para seguir disfrutando de Israel. Lo que al principio pensé que iba a ser una eternidad, se había pasado volando. Mi imagen de este país no tenía nada que ver con lo que es en realidad. Este viaje tendría que ser obligado para toda la humanidad. Aquí te encuentras cara a cara con los últimos dos milenios de historia de nuestra civilización y con los parajes que se citan en la Biblia.

En esta jornada nos esperaba otro de los lugares más importantes: Cafarnaúm. Iríamos a conocer donde vivió Pedro, y donde se quedó su familia cuando él decidió seguir a Jesús. Todavía se conservan ruinas de los poblados que se han ido asentando a lo largo de los años. No eran, claro, las del apóstol, pero me resultaba fácil trasladarme mentalmente a aquellos tiempos cuando paseaba por ellas.

Es un sitio precioso. Aquí vivían los pescadores junto al mar de Galilea. No me extraña que Jesús pasase tanto tiempo allí, porque la energía que se respira entre la tierra y las montañas que rodean al único lago de agua dulce de Israel hace que sea muy especial.

Escuchamos misa en la iglesia que se ha levantado en este lugar. Durante el rezo divisábamos el mar y, bajo nuestros pies, las ruinas del poblado, ya que los franciscanos la han construido con cristaleras en todas las paredes y en parte del suelo. Cuando estás en esa catedral puedes imaginar el pasado y recrear los milagros de Jesús. La levantaron con la inspiración de que todo el que se siente allí disfrute de uno de los parajes más inspiradores del mundo. Un símbolo en el que tienes presente a Dios a través de sus creaciones. Cielo, mar, aire y tierra.

Después de esta visita pusimos rumbo de nuevo a otra zona del mar de Galilea. Esta vez navegamos por él para rememorar los días en los que Jesús surcó las aguas de este lago. Aquí sucedió el famoso relato de los pescadores.

En el muelle nos hicieron esperar un rato para subir al barco. Lo hacen para que compres en la tienda de *merchandising*, pero el padre Majadas, que se las sabía todas, siempre empleaba estos momentos para reunirnos y leernos la Biblia.

—¡Hermanos! Venid a escuchar los hechos que aquí sucedieron —nos dijo mientras nos colocábamos a su alrededor—. En vez de llenaros los bolsos de cosas que no necesitáis, atended y colmad el alma de conocimiento que os dará más felicidad. Os recuerdo la enseñanza que tantas y tantas veces habéis escuchado y espero que tengáis presente cada día.

Vive como si fueses a morir mañana. Aprende como si fueras a vivir siempre.
MAHATMA GANDHI

Y con esas palabras comenzó a leer un capítulo de san Lucas.

Estaba Jesús a la orilla del lago Genesaret y el gentío se agolpaba sobre él para oír la palabra de Dios. En esto vio dos barcas que estaban a la orilla del lago. Los pescadores habían bajado de ellas y lavaban las redes. Y subiendo a una de las barcas, que era de Simón, le rogó que se apartara un poco de la tierra y, sentándose, enseñaba desde la barca a la multitud.

Cuando terminó de hablar, le dijo a Simón:

—Rema mar adentro, y echad vuestras redes para pescar.

Simón le respondió:

—Maestro, toda la noche hemos estado trabajando y no hemos pescado nada, pero por tu palabra, echaré las redes.

Y haciéndolo así pescaron gran cantidad de peces, de modo que las redes amenazaban con romperse. Hicieron señas a los compañeros de la otra barca para que vinieran en su ayuda. Vinieron, pues, y llenaron tanto las dos barcas que casi se hundían.

Al verlo, Simón Pedro cayó de rodillas ante Jesús, diciendo:

—Aléjate de mí, Señor, que soy un hombre pecador.

Pues el asombro se había apoderado de él y de cuantos con él estaban.

—No temas —le dijo Jesús—. Desde ahora serás pescador de hombres.

Llevaron a tierra las barcas y, dejándolo todo, le siguieron.

UN PASEO POR EL LAGO

En cuanto el padre terminó de leer, subimos todos a la gran barca de madera que simulaba las barcazas de entonces, en la que se escuchaba música espiritual de fondo.

Me coloqué en la parte de delante, en la proa, apartándome del grupo. El olor del agua unido con el viento me transportó inmediatamente a otro tiempo. Cerré los ojos. Me vino en este instante otra de las inspiraciones que comentó el padre Majadas al principio del viaje, esos momentos místicos donde sientes estar de alguna manera conectado con Dios. De todos los sitios visitados en Israel, en el que había notado más su presencia era, sin ninguna duda, este, a bordo de esa barcaza.

El momento álgido se produjo cuando el capitán apagó el motor y dejó la embarcación a la deriva durante un largo rato. Daba la sensación de que estábamos guiados única y exclusivamente por la mano de la brisa. Parecía que la empujaba alguien divino.

Cuando llevábamos tiempo a merced del viento, el capitán se acercó a mí.

—¿Verdad que es la mayor sensación de libertad y paz que puede experimentar el hombre? —me dijo.

—Sí —le respondí—, reconozco que este es el momento más inspirador y bonito que he vivido en el viaje.

—Por eso me quedé yo —contestó el capitán.

—¿No eres de aquí?

—No. Mi nombre real no es Abraham como les digo a los curas cuando vienen. Pienso que eso les da más confianza al contratar un viaje religioso. Me hacía gracia ponerme un nombre bíblico.

—¿Y cómo te llamas entonces?

—Me llamo Oliver. Vine a Israel desde Londres huyendo de una vida de estrés y sin sentido. Al salir de mi país decidí desprenderme de todo lo que tenía para pagar deudas y poder empezar una nueva vida.

—¿No te dio miedo tomar una decisión así? —sentía curiosidad por su respuesta.

—Siempre he tenido un lema que aprendí de un gran hombre.

> *Es duro fracasar, pero es todavía peor no haber*
> *intentado nunca triunfar.*
> THEODORE ROOSEVELT

—Al tomar una decisión —prosiguió— hago lo que tengo que hacer para llevarla a cabo y triunfar en mi cometido. Así que lo hice. Cuando pagué todo y pude venirme, sentí una liberación enorme, como si me hubiese quitado una grandísima mochila de piedras de la espalda. De hecho, sufría constantemente de dolores de columna que ningún médico consiguió aliviarme. Estoy convencido de que el endeudamiento es el peor estado del ser humano, no te deja pensar, no te deja disfrutar, no te deja vivir. Fue tomar esa decisión y desde ese mismo momento se me quitaron los dolores y nunca jamás han vuelto a repetirse.

El día que comprendí que lo único que me voy a llevar es lo que viva, empecé a vivir lo que me quiero llevar.

Reconozco que estaba pensando en mí y en mi situación mientras le escuchaba.

—Con lo que me quedaba compré esta barca y decidí ser autosuficiente, trabajar para mí y no depender de nadie nunca más. En esta vida solo tienes dos opciones, hacer realidad tus sueños o trabajar para hacer realidad los de otros. Tomé la primera opción.

—De alguna manera te debes a tus clientes —le repliqué—. A los que venimos a montar en tu barca; es una forma también de tener dependencia de alguien más, ¿no?

—Yo no lo veo así —me contestó—. Lo que hago no es un trabajo, es un servicio. Ayudo a la gente que viene a encontrarse con Jesús y, gracias a mi barco, gracias a mis paseos, lo consiguen más fácilmente. Mi trabajo ahora es hacer a toda ella más feliz. Vivo sin mochilas, sin deudas, y te aseguro que con muy poco se puede salir adelante. Este es mi mandamiento: sé autosuficiente. No te cargues de deudas y recuerda que una vida sencilla y sin grandes aspiraciones materiales de trabajo, una vida de tranquilidad te proporcionará una mayor paz mental que te permitirá disfrutar más de cada brisa, de cada paseo, de cada palabra, de cada comida, de cada mirada, de cada sonrisa; en fin, de cada momento que vivas en este mundo.

Con estas palabras el capitán cerró los ojos y se quedó disfrutando de la brisa. Yo también los cerré y al rato, cuando los abrí, Oliver ya no estaba. Se había ido a su puesto de mando y nos conducía de nuevo a puerto.

Tras el paseo nos fuimos a comer a un restaurante donde nos dieron peces del propio lago. Son unos como de roca de sabor fuerte. El padre Majadas quería que probásemos la misma especie que tomaban Jesús y sus discípulos en aquellos tiempos.

En este viaje descubrí también muchas restricciones que los judíos por tradición tienen para comer. En la carta del restaurante había una nota que enumeraba los alimentos del mar prohibidos para ellos. El escrito decía exactamente:

En cuanto a los pescados y al marisco, para que un animal marino sea *kosher* ha de tener aletas y escamas, por lo que el atún, el salmón, la sardina, el mero, la carpa, se pueden comer. Lo que no se puede tomar son las gambas, los langostinos, los cangrejos, el pulpo, ni tampoco los tiburones ni los delfines entre otros.

Ya de regreso no podía dejar de recordar las palabras que me había dicho el capitán del barco y la gran coincidencia de que él también me hablase de los mandamientos. Me pareció un ángel que Dios me había puesto para traerme este nuevo mandamiento. Lo apunté en mi libreta como había hecho con los otros para que no se me olvidara.

Me di cuenta de que había que aprender a vivir sin endeudarnos y sin grandes ambiciones económicas, puesto que las cosas materiales que no nos generan satisfacción se convierten en cargas y nos atan a la tierra. Debía aprender a ser libre, a liberarme de la carga en este mundo. Cuanto más descargara, más cerca estaría del cielo. Todo lo que tenía en esta vida eran simplemente cosas que no me dejaban disfrutar, y, que tarde o temprano, dejarían de ser mías y pasarían a manos de otras personas.

EL BOSQUE ENCANTADO

Volvimos al hotel y, como cada noche y después de la cena, llegó el momento del relato del padre Majadas. Me encantan los cuentacuentos, y él era uno de los mejores que había conocido por la pasión que le ponía a cada narración.

—Hoy os voy a contar una historia —nos adelantó— que vi en una película cuando era pequeño. Era una bastante regular, sin interés, de las que dejabas en la televisión sin prestarle atención porque, cuando yo era niño, no existían los mandos a distancia y daba mucha pereza levantarse para cambiar el canal. No me enteré prácticamente de lo que trataba, pero justo al final, cuando ya me levantaba para irme, al niño protagonista le pasó algo que se me ha quedado marcado hasta el día de hoy.

»Para ser sincero no estoy seguro de que la historia del niño fuese exactamente la que cuento, ni siquiera si sucedió así, tal vez la he ido transformando en mi mente a lo largo de los años para quedarme con el mensaje que yo quería escuchar, pero lo que sí es cierto es que cuento la historia dando la enseñanza que a mí me hubiese gustado que me dieran cuando era un muchacho.

Y así comenzó la de esa noche que se basaba también, como la del día anterior, en un cuento de Jorge Bucay. Se titulaba «El bosque encantado».

Antes de cumplir los diez años encontré el bosque encantado del que todos hablaban en mi pueblo, aunque nadie sabía exactamente decirme ni dónde estaba y si existía en realidad. Pero cuando yo lo vi, supe al instante que se trataba de él, porque era el bosque más maravilloso que mis ojos habían visto nunca. Había árboles enormes y cientos de colores de hojas verdes que caían sobre una vereda donde podía caminar a través de los enormes y esbeltos troncos. Allí estuve disfrutando hasta la hora de volver a casa.

En cuanto entré por la puerta, le dije a mi madre que había encontrado el bosque encantado. Ella supo que le decía la verdad. Las madres saben cuando los hijos mentimos. Y lo supo también porque, cuando tenía mi edad, fue capaz de encontrarlo como yo lo acababa de hacer, aunque me dijo que nunca más lo volvió a localizar.

Le aseguré que al día siguiente iríamos juntos porque me había encargado de marcar el camino con ramas caídas de los árboles. Sin embargo, cuando intenté mostrarle la senda, no pude, porque el bosque encantado había desaparecido.

Meses después acompañé un día a mi madre a visitar a su hermano, que era el guarda forestal del pueblo. Y en la pared de su caseta vi algo en lo que nunca me había fijado. Era un mapa en el que figuraban las montañas, los bosques y los ríos de la zona. Estaba intentando localizar mi bosque, cuando mi tío se acercó y me preguntó qué miraba con tanta atención. Y al explicarle lo que me había ocurrido, me dijo que ese lugar no existía. Traté de convencerle de que yo lo había visto, y él me dijo que seguramente había estado en la chopera que había al final del valle. Intenté que mamá me ayudara y le confirmara que ella también había estado allí con mi edad, pero negó con la cabeza.

Mi tío me dijo que el mapa lo habían hecho unos cartógrafos gracias a unas fotos que habían tomado, y que, por lo tanto, no existía el bosque que yo le refería. Aseguraba que podría ser peligroso para la seguridad de todos que los mapas no fueran fiables.

Mamá y yo regresamos a casa, y por el camino entendí que no debía confiar tanto en los expertos porque yo había estado allí y sabía que existía. Confiaría en mí y volvería, tarde o temprano, a encontrar el bosque encantado.

Los aprendices tienen un campo lleno de opciones, cuando las opciones de los expertos son muy pocas.

Esa noche en la habitación compartí con Daniela una frase que había escuchado al capitán Oliver durante nuestra conversación. En ella se recogía la esencia de este viaje y de todo lo que nos pasa en la vida.

Nada dura para siempre, ni el dolor ni la alegría. Todo en la vida es aprendizaje, todo en la vida está en seguir adelante.

15
DUODÉCIMO MANDAMIENTO.
CONTESTA LOS *MAILS* «CALIENTES»
AL DÍA SIGUIENTE

E se día visitamos el río Jordán para renovar nuestro bautismo y salimos hacia el aeropuerto.

¡ALGO NUEVO QUE APRENDER!

Daniela dijo que el «¿Sabías que?» de esa mañana ofrecía una reflexión muy curiosa. Trataba sobre la ciencia en general y decía que lo que esta había hecho a lo largo de la historia era revelar los descubrimientos que ya fueron recogidos en la Biblia hacía miles de años.

Durante siglos el ser humano ha intentado salir de la oscuridad tratando de dar soluciones científicas a todo. En otras épocas el hombre buscaba solo soluciones espirituales y religiosas para encontrar respuestas. Al final, y tras décadas de experiencia, la solución ha sido combinar ambas. Ciencia y religión. ¿Se puede entender la religión sin la ciencia y viceversa?

El conocimiento de la vida es un acertijo donde «la contraseña para acceder» es la religión y «la solución» es la ciencia. Esta puede explicar muchas cosas, pero por sí sola no funciona. La gente que vive solo con fe ciega se equivoca porque hay ciertas leyes físicas que hay que cumplir. Y la gente que necesita probar todo científicamente también se equivoca porque en muchas ocasiones se necesita de la fe absoluta para hacer que existan los milagros.

**Tan solo la fe en ellos
hará que los milagros pasen.**

Siempre he sido un gran fan de Albert Einstein y he tratado de estar al día sobre lo que se ha publicado sobre él. Al leer este artículo, me acordé de sus palabras sobre la religión.

Einstein no era ateo como muchos dicen. Es cierto que no aceptaba el Dios que describe la Biblia, pero reconocía que había un Creador. Pensaba que la ciencia solo podía ser creada por aquellos que estaban profundamente obsesionados con la aspiración de conseguir entender la verdad y el conocimiento, y que este sentimiento provenía del entorno de la religión. Afirmaba también que podía venir de la religión la posibilidad de una visión válida del mundo de forma racional que fuera comprensible para la razón. En una conferencia a sus alumnos de Princeton contestó a uno de ellos que no concebía un científico auténtico que no tuviera una profunda fe.

Un río con aguas sagradas

Cuando leí en el programa del viaje que íbamos a renovar nuestro bautismo en el río Jordán me pareció una chorrada y no le di mayor importancia, o por lo menos no la importancia que le daba esa mañana después de haber calado en mí esta aventura por Israel tan especial.

El padre Majadas nos explicó durante el desayuno que siempre dejaban la renovación del bautismo para el último día porque sabían que la gente lo apreciaba con mucha más intensidad. Y en efecto así era. Parecía mentira que ya hubiesen trascurrido los doce días y me parecía precioso que esa jornada la pasara en el río donde Jesucristo fue bautizado por Juan el Bautista.

Dejamos el hotel, metimos las maletas en el portaequipajes del autobús y emprendimos camino al Jordán, al que llegamos en no más de media hora. Al poco me vi allí sentado, en unas gradas que habían construido por la multitud de gente que anualmente va a rebautizarse. Tuvimos suerte y, al ir temprano, aún no estaba muy concurrido.

Antes de volver a bautizarnos escuchamos la última misa que nos dio el padre Majadas en este viaje, en la que nos leyó el pasaje del bautismo de Jesús que ahí mismo, en el lugar donde estábamos, había sucedido.

El siguiente día vio Juan a Jesús venir hacia él y dijo:

—He ahí el Cordero de Dios que quita el pecado del mundo. Este es por quien yo dije: «Después de mí viene un hombre, que se ha puesto delante de mí, porque existía antes que yo. Y yo no le conocía, pero he venido a bautizar en agua para que él sea manifestado a Israel».

Y Juan dio testimonio diciendo:

—He visto al Espíritu que bajaba como una paloma del cielo y se quedaba sobre él.

Y yo no le conocía, pero el que me envió a bautizar con agua, me dijo:

—Aquel en quien veas que baja el Espíritu y se queda sobre él, ese es el que bautiza con el Espíritu Santo.

Y yo le he visto y doy testimonio de que este es el Hijo de Dios.

Llegó el momento esperado y fuimos uno por uno metiendo nuestros pies en el río Jordán, donde el padre nos volvió a bautizar echándonos agua por la cabeza con una concha como la del Camino de Santiago.

Todos los del grupo quedamos bendecidos. La palabra bendecir significa 'decir bien'. Cuando eres bendecido quiere decir que Dios dice bien de ti. Es decir, te guía.

A continuación, nos dejaron disfrutar, como en el recreo del colegio, para que cada uno interiorizase lo que habíamos vivido de forma individual y personal. Yo decidí sumergir las piernas hasta la rodilla en el río para reflexionar sobre lo que significaba el hecho que acababámos de vivir con mayor profundidad.

Un mandamiento un tanto peculiar

Ya de vuelta al autobús pusimos rumbo al aeropuerto. En este trayecto se sentó a mi lado otro hombre del grupo, aunque para serte sincero yo juraría que a este señor no le había visto en todo el viaje. Sé que no soy muy bueno para las caras, pero después de doce días pensé que tendría reconocidos a todos los panameños; sin embargo, él me había pasado completamente desapercibido.

Muy amablemente, empezó a conversar conmigo.

—¡Hola! Me llamo Saúl. Qué lástima que acabemos ya el viaje, ¿verdad?

—A mí en realidad no me apetece nada volver a Madrid y abrir el ordenador para encontrarme todos los *mails* que me habrán llegado y que, a buen seguro, la mayoría me harán cambiar de humor —me sinceré con él.

—¿Por qué?

—Porque normalmente suelen ser correos de problemas y muy pocos para darme alegrías.

—¿Sabes que hay un truco para eso? —me reveló Saúl.

—¿Para qué?

—Para que no te afecten los *mails* malos en tu día a día.

—¿Y cuál es la técnica?

Me interesaba mucho su respuesta.

—Es muy sencilla. Aunque te parezca una tontería, es importante que la lleves a la práctica porque este será tu duodécimo y último mandamiento.

¿Cómo sabía este hombre lo del tema de los mandamientos? Aunque en otro momento de mi vida esto me hubiese parecido extrañísimo, como un complot de todo el grupo para impresionarme o volverme loco, la verdad es que ya nada me sorprendía, y en vez de quedarme perplejo, interiormente tenía la sensación de que lo que pasaba a mi alrededor estaba bendecido o «planeado» por Dios.

—Y dígame, entonces, ¿cuál es la técnica? —volví a repetir la pregunta ansioso por conocer su método.

—Jamás contestes un *email* «caliente» el mismo día. Es uno de los secretos de la felicidad. Te puedo asegurar que el noventa por ciento de estos correos que respondes en el momento que los recibes no los contestarías si esperaras a la mañana siguiente. En veinticuatro horas habrán pasado dos cosas: se habrá solucionado el problema o ya no tendrá la importancia que le habías dado y no merecerá la pena. Y el otro diez por ciento seguro que los contestarás cuando tu estado de ánimo sea diferente y no le darás el mismo valor dañino a las palabras que leíste. ¿Puedo contarte una historia? —me preguntó.

—Por supuesto. Me encantan las historias.

—Se titula «Dejar secar el barro» y es una versión de otro cuento.

María era una pequeña cuyo juguete preferido era un juego de café de color azul, y Sara, su mejor amiga. Un día Sara se pasó por su casa y le dijo que fuera a jugar con ella, pero María no podía porque sus padres ya habían hecho planes para irse a comer fuera.

A Sara también le gustaba mucho aquel juego de café, y le pidió a su amiga que se lo dejara esa tarde y que se lo devolvería al día siguiente. A pesar de lo mucho que la quería, a María no le hacía mucha gracia prestarle su juguete favorito, pero al final accedió y se lo dejó, no sin antes pedirle que, por favor, lo cuidara muchísimo.

A la mañana siguiente le pidió a su madre que la acompañara a casa de su amiga para recoger el juego de café. El padre de Sara les abrió la puerta y le dijo que subiera a su dormitorio porque ella estaba allí. Al entrar a la habitación se quedó pasmada, pues todas las tazas y los platos estaban tirados por el suelo, y, además, había varios rotos.

Bajó rápidamente las escaleras y desconsolada se lo dijo a su madre. Su enfado y disgusto era tal, que estaba dispuesta a subir de nuevo para echarle la bronca y, si era necesario, romper su amistad. Sin embargo, su madre la calmó recordando el episodio que le había ocurrido años atrás el día antes de la boda de su tía. María estrenaba vestido y se lo probó la mañana antes para comprobar que todo estaba bien. A pesar de la negativa de su abuela, ella quiso salir al jardín a jugar y no dejó de insistir hasta que finalmente lo consiguió.

Esa noche había caído una buena tromba de agua y al intentar evitar un charco, se escurrió y se cayó. La niña empezó a llorar y fue corriendo a la cocina donde estaba su madre para pedirle que se lo lavara inmediatamente, pero ella le dijo que no, que sería más fácil quitar la mancha cuando el barro se secara.

—Ves, hija, lo mismo que sucedió con aquel barro, que hubo que dejarlo secar, hay que dejar que se seque también la rabia, pues tal vez digas algo ahora a Sara de lo que luego te arrepientas.

A pesar del disgusto, decidió seguir el consejo de su madre y se marcharon a casa. Y poco después era Sara la que estaba delante de la puerta de María.

—Hola. Ayer por la tarde vino a jugar conmigo el pesado de Diego porque su papá se tenía que ir a hacer un recado, y al negarme a que jugara con tu juego de café, cogió unos platos y los tiró contra la pared. Fui a decírselo a mi mamá y decidió que te compraríamos uno nuevo igual que el tuyo. Aquí lo tienes. ¿Sigues enfadada? —le dijo.

—¡No, claro que no! Mi barro ya se secó.

María tuvo que contarle la historia del vestido porque Sara no entendía nada.

—La ira no nos permite que veamos las cosas tal y como son —prosiguió después de la historia Saúl—. Por eso es necesario que no reacciones en el momento. Es la forma de que no seas injusto. Sé que este mandamiento puede ser poco profundo comparado con los otros once, pero si lo meditas bien, es el resumen de una filosofía de vida. No hay que darle tanta importancia a las cosas; a veces dejando pasar veinticuatro horas se arreglan solas.

Si te aflige algo externo, tu sufrimiento no se debe a esa circunstancia en sí, sino a tu actitud respecto a ella, y eso puedes cambiarlo en cualquier momento.

»Ya que dices que te gustan las historias, te contaré una anécdota para que veas cómo uno de los hombres más importantes de la historia sabía aplicar esta filosofía.

Henry Ford decía que siempre tenía dos montones de papeles en su mesa de la oficina. El de la izquierda con los problemas urgentes. El de la derecha con los muy urgentes.

Cuando leía los urgentes, si le parecía que debía prestarles verdadera atención, los pasaba a la pila de los muy urgentes. Al día siguiente leía la pila de los muy urgentes y, si nadie había ido a pedirle ayuda para resolver ese problema, es que no era tan urgente y lo volvía a poner en el montón de los urgentes.

—Y así sucesivamente cada día —puntualizó Saúl—. Decía que el noventa por ciento de los problemas se solucionaban sin que él hubiese ni siquiera mediado. Como ves, tenía muy clara la técnica de la que te he hablado. Él sabía que nunca se debe reaccionar en caliente, y que hay que aprender que el universo está siempre de nuestra parte y nos va a ayudar a solucionar la mayoría de nuestros asuntos.

> *Pasé más de la mitad de mi vida*
> *preocupándome por las cosas que jamás iban a*
> *ocurrir.*
> WINSTON CHURCHILL

—Te dejo, que estamos a punto de llegar. Tengo que preparar mi pasaporte y los papeles para seguridad. —Saúl se levantó y se fue hacia la parte delantera del autobús.

Cuando llegamos al aeropuerto, el padre Majadas nos juntó a todos en la zona de seguridad y se dirigió a nosotros con las siguientes palabras:

—Queridos hermanos, aprovechando que debemos esperar un rato hasta que comprueben todos los pasaportes, para despedir el viaje tan solo quiero dejaros unas frases con las que siempre me despido de mis grupos. Creo que recogen el espíritu de lo que me gustaría que hubieseis aprendido conmigo. Aprendí que vine solo a este mundo y solo me iré. Si decido estar con alguien, es siempre para que sume, no que reste. Y si decido estar solo, he aprendido que estar conmigo mismo es maravilloso porque he descubierto que soy muy buena compañía.

A mí me devolvió el pasaporte el último, por lo que pude tomarme un tiempo para hablar con él y aprovechar este momento para mostrarle mi agradecimiento.

—Padre, muchísimas gracias por tan maravilloso viaje. Debo decirle que ahora tengo una nueva visión del futuro.

—Ya puedes ver —me dijo.

Tu fe te ha salvado.
San Marcos

—También quería agradecerle el bonito grupo que ha creado. La presencia de los panameños en mi viaje ha sido clave. Me han enseñado muchísimas cosas sin pedir nada a cambio.

—A veces el destino pone en tu camino señales para que personas especiales lleguen a tu vida por casualidad —me contestó—. La vida te va enseñando quién sí, quién no y quién nunca. Ellos han sido tus ángeles de la guarda. Créeme.

Y como era costumbre en él, continuó con otra frase de la Biblia.

> **No tienen necesidad de médico los sanos, sino los enfermos. No he venido a llamar a los justos, sino a los pecadores.**
> **SAN MARCOS**

—Estos panameños han estado cuidando de tu alma.

—Padre. Está visto que tiene una frase de la Biblia para cada ocasión —concluí, y le di un fuerte abrazo.

Una vez que pasamos seguridad, todos nos separamos para ir por las tiendas del aeropuerto.

Ya en nuestros asientos, en el interior del avión, me puse a hablar con mi hija sobre nuestra experiencia en Israel.

—Daniela —le dije en un momento—, en cierta ocasión al escritor George Bernard Shaw, justo antes de morir, le preguntaron que quién le hubiera gustado ser si pudiese volver a vivir. ¿Y sabes qué respondió?

Me miró con esos ojos que pone ella cuando le interesa un tema.

—Que le hubiera gustado ser la persona que podía haber sido y nunca fue. Gracias por acompañarme en este viaje. Ha sido maravilloso compartirlo contigo y te agradezco que seas la mejor hija del mundo. Una de las cosas que más me ha costado aprender como padre es que los hijos no son nuestros, son de ellos mismos, y solo cuando tomamos consciencia de ello es cuando ambos podemos vivir nuestras propias vidas sin depender de la del otro. Lo más importante es que tú recojas estas experiencias y sabiduría y vivas tu propia vida, no la que a mí me gustaría que vivieses.

Debía dejarle una última reflexión antes de dejar Tierra Santa.

No dejes nunca que nadie sea la mano
que escribe la historia de tu vida.

16
YA DE REGRESO EN MADRID

Ya de vuelta en Madrid necesité varios días para asimilar toda la información que había recibido a lo largo del viaje. Había sido una experiencia preciosa, completamente distinta a la esperada. Gracias a Dios, puesto que en un principio no me apetecía nada ir.

Realmente fui capaz de sentir en aquellas ruinas, en aquellos parajes, en aquellas ciudades, la esencia de los hechos que han cambiado el rumbo de la humanidad. Sentí cómo permanece viva la esencia de Cristo. Cuando estás allí llegas a preguntarte si al cabo de los años todo esto se extinguirá.

Algo en mi interior me hacía escuchar una y otra vez las palabras de los panameños. Como si los mismos apóstoles me hubieran transmitido uno a uno los doce nuevos mandamientos. Y al volver a la oficina, decidí aplicar uno de los consejos que me había dado Melquisedec.

**Los problemas son muy cobardes,
si los miras de frente se van corriendo.**

Qué duda cabe que era uno de los mejores aprendizajes que había tenido en mi vida, porque esta frase es absolutamente cierta. Desde que se la escuché hasta hoy la he aplicado siempre y nunca me ha fallado.

Sabía que si conseguía gestionar esa enorme crisis, me haría un gran gestor y un gran empresario. Lo entendí como una prueba que el universo me había puesto. Era un examen que tenía que aprobar y estaba dispuesto a dar la cara para conseguir superarlo. Mi vida, aun teniendo todavía tantas cosas que solucionar, se había convertido en un placer que agradecía cada día.

Me fui sentando con todos los acreedores y negociando formas de pago. Cuando eres tú quien toma la iniciativa y ofreces soluciones, sin que ellos te tengan que estar persiguiendo, siempre consigues un acuerdo.

En esta experiencia aprendí que cuanto antes preveas los problemas para que avises a tus proveedores y socios de que posiblemente no puedas cumplir alguno de tus acuerdos, todos reaccionan positivamente, incluso te ayudan para que en un futuro sigas siendo su cliente. Lo que a nadie le gusta son las sorpresas.

Conseguí negociar las deudas, pero los préstamos bancarios corrían, los embargos se acercaban, la presión crecía y la necesidad de una decisión drástica era fundamental. En España la falta de actividad económica continuaba, por lo que pensé que la solución tenía que venir de fuera. Sabía que si conseguía demostrar a alguna compañía extranjera que nuestra situación era puntual, debido a la crisis del 11-M, conseguiría la inversión necesaria para poder pasar el bache.

Una de las más difíciles experiencias profesionales que he vivido fue tener que negociar a lo largo del año 2004 y principios del 2005 la venta de la empresa con la mayor firma de entretenimiento del mundo, cuya sede estaba en Nueva York, mostrándoles una buena cara para invertir en un negocio en España mientras yo sabía que los embargos eran inminentes.

La historia de la negociación y la venta es para escribir otro libro, pero como resumen la operación se cerró el 1 de marzo del 2005. Pude recaudar dinero para pagar a todos los acreedores, cancelar los embargos y reflotar la sociedad.

Milagrosamente, y de nuevo, por lo que estoy seguro fue la intervención de la mano de Dios, los embargos llegaron la mañana siguiente, el 2 de marzo del 2005. Con el dinero que había captado pude levantarlos en diez días y todo volvió a la normalidad. Si los embargos hubiesen llegado un día antes, tan solo un día antes, nos hubiésemos hundido por completo.

Cuando todo el sufrimiento acabó sabía que no podía volver a ser el empresario que había sido. Esta hecatombe me había enseñado una grandísima lección, me ha hecho una mejor persona, un mejor emprendedor, un mejor empresario, un mejor ser humano, un mejor ciudadano y, sobre todo, un ser que disfruta cada día como si fuese el último.

La noche de la firma pude descansar por primera vez en mucho tiempo. Dormí con muchísima paz y recé para que me guiasen en este nuevo camino que empezaba.

A la mañana siguiente, nada más abrir los ojos, me vino a la cabeza una frase que aprendí del grupo de los panameños.

El que no vive para servir,
no sirve para vivir.
Santa Teresa de Calcuta

En busca del padre Majadas

Como lo que mejor sabía hacer era crear espectáculos, decidí crear muchos para que todos pudieran disfrutarlos y hacerlos al mejor precio posible. Y para desarrollarlos a buen precio era fundamental tener nuestro propio teatro donde idear *shows* aquilatando los costes. De ahí mi obsesión por conseguir nuestro propio espacio. Algo me decía que no podía quedarme para mí solo el conocimiento que me habían regalado. Por eso pensé que la mejor manera de pasar el legado que yo había tenido la suerte de recibir era escribiendo un libro. Para ello quise contar con la ayuda del padre Majadas. Quería que él me ayudara a recordar en qué parte se encontraban los pasajes de la Biblia para tener correctos los datos según los Evangelios de qué es lo que pasó en cada uno de los lugares que habíamos visitado.

Me decidí a escribirlo y me puse en marcha. Aprovechando que se acercaba su cumpleaños, le mandé un regalo. Era un álbum de fotos con él durante todo el viaje en todos los lugares por los que anduvo Jesucristo. Le adjunté también el libro que había escrito para mi hija llamado *Cómo hacer posible lo imposible.*

Yo sabía que era el mejor obsequio que le podía hacer a Manuel, ya que él había plantado en mí la semilla de esta nueva vida que tan feliz me hacía. Pensé que le ilusionaría que escribiésemos este libro juntos. Sería un proyecto para quienes anduvieran buscando la inspiración y el camino que él me ayudó a seguir.

El presente me vino devuelto con un sello muy visible en la caja que ponía: *destinatario desconocido*. Así que decidí entregárselo en persona y se lo llevé yo mismo al colegio mayor donde el padre me había dicho que daba clase. Pregunté por él a todas las personas con las que me iba encontrando, por supuesto también en conserjería y en el puesto de información de la entrada.

Para mi sorpresa, nadie, absolutamente nadie, conocía a un cura llamado Manuel Majadas. Les enseñé fotos que tenía de mi viaje con él, pero no le reconocían. Decían que nunca habían visto a ese hombre.

Yo estaba seguro de estar en el colegio mayor del que me había hablado en varias ocasiones durante el viaje. Estaba completamente seguro. Era como si de pronto la tierra se lo hubiese tragado. Es cierto que habían pasado muchos años, pero es muy raro que nadie supiera absolutamente nada de él. Llegué a pensar que era un ángel que me había enviado alguien para que experimentara mi despertar. Quizás me lo habían mandado para guiarme y a su vez poder dejarte a ti este libro como legado de mi viaje por Israel.

—¿Ha perdido usted algo? —me preguntó un anciano sentado en un banco de uno de los pasillos.

—Estoy buscando al padre Manuel —le contesté.

—¿Qué padre Manuel? —volvió a preguntar el hombre.

—Este —le dije mostrándole una foto donde estábamos los dos.

—Siento no poder ayudarle, amigo. He sido director de este colegio los últimos cuarenta años y no he conocido al padre que busca. Sí es cierto que de vez en cuando aparece un joven como usted con un regalo en la mano para un padre Manuel. ¿Trae usted algún regalo también?

—Pues la verdad es que sí. Este álbum de fotos y un libro.

—Déjeme que adivine. ¿A que son fotos de Tierra Santa?

—Sí, en efecto. ¿Cómo lo sabe?

Estaba extrañado de que lo supiera.

—Todas las personas que de vez en cuando vienen preguntando por él traen lo mismo. ¡Un álbum de Tierra Santa! Fotografías con un padre que se llama Majadas, pero nunca es la misma persona. ¿Le importa que lo vea? Viniendo de allí seguro que es bonito.

—Claro —se lo entregué.

—Mire, su padre Manuel es calvo y con gafas.

Le echó una ojeada durante varios minutos. Me lo devolvió y me dijo unas últimas palabras.

—Joven, siga buscando al padre Manuel. El que tiene claro lo que busca, siempre lo encuentra.

> **Pues nada hay oculto que no se ha descubierto,**
> **ni secreto que no llegue a saberse.**
> SAN LUCAS

—Siga propagando lo que aprendió en Tierra Santa.

Y después de pronunciar estas palabras, se levantó del banco y se marchó andando lentamente.

Salí del colegio mayor recordando algo que me había dicho el padre Majadas en el aeropuerto. Afirmó que Jesús venía de muchas formas cada día. Podía ser un poema que nos inspirara, alguien que nos hiciera sentir bien, una llamada de un amigo que nos animara, un anciano que compartiera con nosotros un poco de su experiencia o simplemente un padre que nos guiara espiritualmente cuando necesitáramos una luz.

Saqué de mi bolso el cuaderno de notas que siempre llevaba y me puse a pensar en los panameños. Según iba leyendo mis mandamientos tenía su nombre en cada uno de ellos. Al ponerlos en una lista me di cuenta de una cosa muy curiosa. ¡Otra casualidad! Sus iniciales puestas en fila construían la palabra mandamientos: **M**ariela, **A**arón, **N**erón, **D**ionisio, **A**dela, **M**elquisedec, **I**nés, **E**milia, **N**orberto, **T**eresa, **O**liver, **S**aúl.

No pude evitar sonreír, mirar al cielo y pensar que era otro juego de los de arriba.

Tardé un poco en escribir este libro. De hecho, antes de ponerme a ello me inscribí en la universidad. ¡Sí, a mis cuarenta y siete años! Quién me lo iba a decir. Me inscribí en el grado de Ciencias religiosas de San Dámaso de Madrid para estudiar la interpretación de los Evangelios.

Este viaje fue un despertar espiritual para mí. Me llenó tanto interiormente que decidí profundizar más en mis conocimientos sobre los relatos de la historia de Jesús. También quería corroborar la información de los relatos bíblicos que te adjunto en el libro.

En cuanto a los personajes que han ido apareciendo durante la narración, unos realmente han existido y otros han sido fruto de mi imaginación. En fin, lo importante es que me fueron regalando los mandamientos que de alguna manera hoy te han llegado a ti. ¿Por qué? ¡Solo tú lo sabrás! Pero no me cabe la menor duda de que es para que te ayuden. Tanto si tienes fe como si no.

Estoy seguro de que no han llegado a tus manos por casualidad. Recuerda que esta palabra para los que somos creyentes significa milagro. Son eventos relacionados con la bendición de la mano de Dios.

Este viaje no fue casualidad, como tampoco fue casualidad que aquel 2004 tuviera que cerrar el teatro y la producción de Queen. Después entendí que el camino que llevaba no era el correcto, no sé cómo hubiese sido la historia de no haber pasado aquel golpe, no sé dónde estaría ni cómo, pero sé que no llevaba el mejor rumbo. Creé un personaje que terminó comiéndose a la persona. Me perdí entre aplausos y admiración, me perdí entre apariencias, me deje llevar por situaciones que llevaban a nada, me empecé a llenar de vacío, uno que cada día pesaba más. ¡Qué paradigma! Cuanto más vacía estaba mi mochila, más me pesaba.

Sin darme cuenta estaba sembrando desilusión, frustración y tristeza, eso es lo que uno recoge cuando lo único que planta son las semillas del vacío. Por eso, cuando la vida me golpeó, me vi sin herramientas para hacer frente a la situación. Porque todo lo que tenía se había esfumado, me di cuenta de que no contaba con ninguna base sólida a la que agarrarme, ni siquiera a mí mismo.

Lo que me rodeaba era como el humo que se va por la ventana cuando la abres. Por eso ahora, en perspectiva, puedo ver que lo que la vida me dio fue una oportunidad de convertirme en una mejor versión de mí. En aquel momento era lo peor que me podía pasar, ahora sé que la vida nunca te manda una batalla que no puedas ganar. Aprendí que cuando un problema aparece, es una lección que tenemos que aprender. Nada es tan importante ni nada es tan grave si entendemos que la vida siempre es amable y que quizás es nuestra forma de verla la que la enfada.

¿EXISTE REALMENTE EL DESPERTAR?

Contestar esta cuestión es muy personal, pues habría que preguntarse qué es para cada uno.

Vuelvo a lo que hablaba al principio del libro. Si para ti es que aparezca una luz, que vayas flotando por la vida y que los problemas desaparezcan para siempre, mi respuesta es no, no existe tal despertar. Si es estar en paz, mi respuesta es sí. Ese que hace que pase lo que pase mantengas la paz, que haga que te lleves bien con la vida, que seas su amigo.

Un despertar que quita importancia al mundo físico y que mira más allá. Un despertar que entiende que todo es por algo y que todo pasa a tu favor, sea lo que sea. Un despertar que te acerca a una consciencia que te hace sentir creador de tu mundo y que eres capaz de todo. Un despertar que convierte los problemas en oportunidades. Porque la vida no cambia, lo que cambia eres tú. Porque la vida nunca ha estado dormida, eres tú el que tardas en comprender.

El despertar es entender que tanto lo que sucede como queremos, como lo que no, es lo correcto para nosotros. La vida tiene planes que no siempre vamos a entender en el momento en el que suceden, pero no los podemos cambiar. Es como intentar que la gravedad no ejerza su fuerza o que el fuego no queme, sería imposible. Puedes aprender a protegerte del fuego y saber qué hacer para curarte en caso de que te dañe. Y saber que la quemadura dolerá durante un tiempo, pero luego pasará, y tal vez no te quede ni cicatriz. No estarás noche y día pensando en ello ni te preguntarás una y otra vez por qué te has quemado, por qué ha tenido que pasarte a ti, simplemente la herida curará y soportarás el dolor. ¿Por qué no puedes hacer lo mismo con los problemas? No puedes por tu modo de ver la vida. Y eso es lo que cambia cuando despiertas. Cambias tú, la vida sigue igual y te seguirán pasando cosas malas, o, mejor dicho, te sucederán cosas de una manera distinta a como tú tenías pensado que ocurriesen, pero tu forma de entenderlas será diferente.

Mi despertar sucedió como has visto durante un viaje rodeado de gente sencilla, de lugares normales y de manera simple. No sucedió nada especial ni sucedió en un día. Fue un proceso que se realizó poco a poco en mi interior. La vida me golpeó, las cosas no salieron como yo esperaba, me hundí y escapé al único lugar que en aquel momento podía: un viaje cuyo atractivo para mí era cero.

Lo único que podía atraerme era la idea de alejarme de todo y de estar un tiempo con mi hija, nada más, y de repente rodeado de nada me encontré con todo. Empecé a entender que durante años había vivido deslumbrado, como si cada mañana me hubiesen dado un fogonazo de luz antes de salir de casa que me impedía ver con claridad. Empecé a entender que en la época en la que pensaba que tenía de todo, realmente no tenía nada. Mi felicidad, mi estabilidad, dependían de cosas externas y pocas de mí. Pocas o ninguna.

Este viaje me obligó a mirar dentro de mí y a echar un vistazo a mi alrededor. Empecé a ver y sobre todo a escuchar. Hubo un antes y un después. Me preguntaba que si había una manera de ser feliz, por qué seguir sufriendo. No tenía ningún sentido. De modo que comencé a poner en práctica las enseñanzas que me traje en la maleta y poco a poco los fogonazos que había sufrido cada mañana se fueron transformando en simple luz, en claridad. Ya nada me cegaba.

Entendí que los problemas son oportunidades para crecer, para hacer cambios necesarios, para aprender. Y que la vida suele ponerte situaciones para que confirmes que realmente has asimilado la lección. A mí me pasó y me seguirá pasando, por eso te digo que despierto cada mañana, porque el despertar es un proceso, un viaje que puede durar toda la vida. Puede que este no sea el despertar que esperabas, pero te aseguro que merece la pena. Y te pondré un ejemplo de cómo ha cambiado para mí.

Como te dije al principio, mientras escribo este libro me encuentro, como todos, confinado en casa debido a la COVID-19. Los teatros están cerrados y no sabemos cuándo ni cómo podremos regresar a la actividad, y es posible que España entera vaya a sufrir la mayor crisis económica de la historia.

Si en el 2004 me hundí en una depresión, ahora tendría que estar a punto del suicidio. ¿Y cómo estoy? Tranquilo, en paz, sereno, y a pesar de todo, a salvo económicamente. Y no solo me he salvado yo, sino que he conseguido salvar a todos los marineros que reman junto a mí. Aquel 2004 lo más importante era el barco, hoy he dado prioridad a los marineros, que son los que lo mantienen a flote.

¿A QUÉ SE DEBE LA CALMA?

Se debe a todo lo que te he ido enseñando en este libro. A todo lo que he ido aprendiendo desde aquel viaje. A ver más allá de la crisis que vivimos. A entender que todo tiene un propósito y que mi misión no es comprender por qué pasan las cosas, simplemente es aceptar que pasen.

Desde entonces mi trabajo se ha convertido en pasión. Mis trabajadores han pasado a ser mis compañeros. Mi familia, mi disfrute. Mi fe, mi compañera de viaje. Y mis grandes problemas los veo como una gran oportunidad para aprender.

Al regreso de aquel viaje decidí cambiar el rumbo de mi empresa y una mañana escribí cuál sería el propósito a partir de ese momento. No nos volveríamos a centrar nunca más en lo que nosotros podíamos conseguir de nuestros clientes, el centro de atención iba a ser cómo podíamos mejorarles la vida a ellos. Y así lo hemos hecho desde entonces.

Hoy me siento afortunado. Afortunado porque no sé lo que la vida me traerá mañana, pero sé que estoy preparado para lo que venga.

Sigo sin tener respuestas, pero no importa,
porque ya no me hago preguntas.

No tengo miedo a perderme porque ya conozco el camino a casa.

No me asusta la oscuridad porque está llena de luz.

No me deslumbra la luz porque está llena de vida.

A veces no sé hacia dónde voy, pero siempre sé dónde estoy.

Disfruto de la soledad porque es el mejor momento para estar conmigo.

No me preocupa el mañana mientras pueda disfrutar del hoy.

Todo esto para mí es estar despierto y de verdad que creo que merece la pena. ¿Te lo vas a perder?

Cuanto más descargues tu vida terrenal
y más llenes tu vida espiritual,
más cerca estarás del cielo.

En la actualidad

uis Álvarez y su gran equipo consiguieron por fin estrenar su propio teatro, el Gran Teatro Bankia Príncipe Pío, el 1 de marzo del 2020.

Aunque tardó muchos años en materializarlo, desde que volvió de Israel siempre dijo que el universo ya le había concedido su teatro y que solo debía tener paciencia para que se hiciese realidad. Y así fue.

Para que sus espectadores pudiesen disfrutar de un gran número de espectáculos al mejor precio, crearon lo que hoy en día se llama **Abonoteatro**.

Es la primera tarifa plana del espectáculo con la que se pueden ver más de cien con una cuota de cincuenta euros al año. Se ha convertido en el club de teatro más grande del mundo.

Mucha gente se pregunta dónde está el beneficio de este formato. No entienden que para el equipo de **Abonoteatro** el beneficio está en la satisfacción de ver a sus abonados disfrutar.

> *Cuando veo a miles de personas asistir a tantos espectáculos a los que sé que económicamente no podrían acceder, es la mayor rentabilidad que puedo tener en esta vida.*
>
> LUIS ÁLVAREZ

Hoy Luis vive en un pueblo de Guadalajara junto al río Tajo, en una casa de campo cuyos únicos vecinos son las ardillas y palomas del jardín donde dedica la mayor parte del tiempo a escribir y gestionar el Gran Teatro Bankia Príncipe Pío.

PROFETAS DEL SIGLO XXI

Todos tenemos profetas en la vida que nos han ido trasmitiendo un conocimiento divino que ha ido pasando de unos a otros. Yo seré uno para aquellos que lean este libro si les ayuda a cultivar más su alma y completar su espiritualidad.

Te dejo una lista de algunos autores que me han hecho descargar mi mochila material en esta vida para dejar hueco a la espiritual de sabiduría y conocimiento.

Algunos de mis profetas son Adam Grant, Anthony Robbins, Dale Carnegie, Eckhart Tolle, John C. Maxwell, John McDonald, Malcolm Gladwell, Napoleon Hill, Norman Vincent Peale, Rhonda Byrne, Robert Kiyosaki, Stephen R. Covey, Thomas J. Stanley, Wallace D. Wattles, Brian Tracy, Joel Osteen y, especialmente, el gran Jorge Bucay.